百濟의 思想과 文化

成周鐸

百濟의 思想과 文化

成周鐸 著

서경문화사

서 문

  1968년 필자는 충남대학교 金榮默 총장의 명으로 박물관을 창설하고 곧이어 1970년 백제연구소를 창설한 후 백제사 연구에 본격적으로 나서게 되었다. 박물관에서 얻어진 자료를 가지고 연구소를 통해서 발표하고자 하는 것이 그 목적이었다.

  박물관을 개관한 직후 필자는 부여박물관장 洪思俊 선생을 인사차 댁으로 찾아뵙게 되었다. 그 때 마침 그곳에는 동국대학교 黃壽永 교수께서 와 계셨다. 두 분께서는 나를 반기시며 백제의 충효사상과 우수한 백제문화에 대해서 설명해 주셨는데 두 분의 백제사랑에 감복한 필자는 이때부터 백제사 연구에 더욱 깊은 관심을 가지게 되었다.

  백제사 연구에 선구자 역할을 하셨던 홍사준 선생은 1980년 5월 타계하셨고 황수영 선생께서는 지금까지 깊은 학연으로 교시를 받고 있으니 나는 더 할 나위 없는 행복한 학도이다.

  이 책에 수록된 7편의 논문은 필자가 백제사에 관심을 가지고 공부하기 시작한 1970년부터 1994년 정년 퇴임할 때까지 25년 간에 걸쳐서 백제사에 관해서 발표한 논문들을 모은 것이다. 특히 1971년 7월 우연히 발견되어 발굴조사된 武寧王陵은 백제사 연구에 관심이 깊었던 필자에게 적지 않은 충격을 주었다. 그때까지만 해도 백제사 연구의 외곽만 맴돌던 필자는 무녕왕릉 출토품연구를 통해서 백제사 연구에 본격적으로 착수하게 된 것이다. 팔을 걷어 부치고 나서 본들 별 것 아닌 줄 뻔히 알면서도 나는 백제사 연구에 도취되어 나름대로의 소견을 피력하게 되었다. 이 가운데는 보잘 것 없는 것들도 있어서 학계에 내어놓기가 부끄럽기도 하나 내 능력의 한계가 그것뿐인 것을 자인하면서 이 책을 내놓게 되었다. 공부 못하는 수험생이 시험지를 받아 놓고 가슴만 조이다가 쓰지도 못한 채 종이 울릴 때까지 가지고 있다가 마지못해서 내놓은 것처럼 이 나이에 더 붙들고 있을 수 없어서 내놓은 老學徒의 심정은 착잡하기 만하다. 여기에서 문득 朱子의 勸學詩가 생각난다.

少年易老學難成 一寸光陰不可輕 未覺池塘春草夢 階前梧葉已秋聲

나는 한창 공부할 나이인 젊은 시절에 해방과 6.25 사변으로 말미암아 10년 동안 허송세월 하였다. 생명을 부지하기조차 어려웠을 때라 공부는 염두에도 두지 못하고 살았었다. 이와 같은 불행한 세대가 이 땅에서 다시는 없었으면 하는 것이 老學徒의 소박한 바램이다. 내가 못다 한 공부를 후배들이 다 해 주기 바라고 이 책을 간행하도록 주선해준 박순발 소장과 출판해준 書景文化社 김선경 사장께 감사의 뜻을 전하면서 序에 대신한다.

2002년 12월
錦屛山 아래 선비마을에서
成 周 鐸

실린순서

第 1 編 武寧王陵

1. 武寧王陵 출토 誌石에 관한 연구 ——— 11
   1. 서 / 11
   2. 무녕왕의 치적 / 13
   3. 지석문 자료에 대한 검토 /18
   4. 지석 성격에 대한 고찰 / 39
   5. 결 / 44

2. 武寧王陵 誌石의 형태와 내용 ——— 47
   1. 명칭 / 47
   2. 誌石의 작성과 놓여 있던 상태 / 50
   3. 지석의 형테 / 53
   4. 지석문의 내용 해석 / 56
   5. 지석의 성격 / 75

3. 武寧王陵 石獸 鐵製「角」의 意味 ——— 81

4. 武寧王陵 出土 童子像에 대하여 ——— 97

第 2 編 百濟의 思想과 文化

1. 百濟思想의 特徵的 一面 ——————— 115
　　1. 전언 / 115
　　2. 삼국 이전의 사상개관 / 117
　　3. 고구려 사상의 선교적 일면 / 120
　　4. 신라 사상의 불교적 일면 / 124
　　5. 백제 사상의 유교적 일면 / 129
　　6. 백제 유교사상의 영향 / 135
　　7. 결언 / 136

2. 百濟僧 道琛의 思想的 背景과 復興活動 —— 139
　　1. 도언 / 139
　　2. 道琛의 思想的 背景 / 140
　　3. 道琛의 復興活動 / 143
　　4. 결론 / 149

3. 百濟儀式考* ——————————————— 153
　　－祭儀・田獵・巡撫・閱兵・習射儀式에 관한 검토
　　1. 서언 / 153
　　2. 제의관계기사의 검토 / 154
　　3. 田獵・巡撫 관계기사의 검토 / 166
　　4. 閱兵 習射記事의 檢討 / 175
　　5. 餘言 / 178

第1編 武寧王陵

1. 武寧王陵 출토 誌石에 관한 연구
2. 武寧王陵 誌石의 형태와 내용
3. 武寧王陵 石獸 鐵製「角」의 意味
4. 武寧王陵 出土 童子像에 대하여

01

武寧王陵 출토 誌石에 관한 연구

1. 서
2. 무녕왕의 치적
3. 지석문 자료에 대한 검토
4. 지석 성격에 대한 고찰
5. 결

1. 서

    1971년 우연히 발굴 조사된 무녕왕릉에서는 총 108종 약 3,000여 점의 유물이 수습되었는데 그 가운데 이 글에서 논하고자 하는 왕과 왕비의 지석 2점이 포함되어 있다.

    왕의 지석 전면에는 왕의 이름과 사망일 그리고 안조일 등 53사가, 뒷면에는 天干 8자와 地支 9자가 음각되어있다. 그리고 왕비의 지석 전면에는 왕비의 사망년월과 개장일 등 41자가 음각되어있고, 뒷면에는 왕을 위해서 錢 일만문을 가지고 토왕·토백·토부모들에게서 서쪽(申地) 땅을 사서 왕의 묘를 만든다고 하는 57자의 매지에 관한 기록이 음각되어있다. 불분명한 글자까지 합치면 58자이다.

    그 동안 이 지석과 관련해서 발표된 논문을 다음과 같다.[1]

1-1) 이병도, 1972, 「백제무녕왕릉출토 지석에 대해서」, 『학술원논문

첫째로 왕의 치적을 통해 그 功過를 알아보고 아울러 동북아 지역에서의 백제의 위상을 살펴보겠으며, 둘째로 '영동대장군'의 직함 수수는 사대의 의미로 받은 것인가 하는 문제와 왕의 출자 문제를 알아보기로 하겠고, 셋째로는 왕과 왕비의 27개월간 공통된 3년상은 우연인가 또는 계획된 의례인가, 만일 계획된 상제라면 그 근거는 어디에 있으며 어디서 전래되었는지 알아보기로 한다. 넷째로는 왕과 왕비의 지석문에서는 표현의 차별이 있는 것이 분명하고, 治石한 솜씨, 글씨의 크기도 완연하게 차이가 있는데 이것도 우연인가, 의도적인가 만약 의도적이었다고 하면 그 배경은 어디에 있으며 지석 제작과는 어떤 관련이 있는가를 살펴보기로 하겠다. 다섯째로 왕과 왕비의 지석에 음각된 내용은 매지권을 작성하기 위한 부수된 내용이라고 하는 견해도 있는데 왕과 왕비에 대한 기록이 지석의 격에 맞는지 살펴보고 지석을 만들게 된 배경도 알아보기로 하겠다. 여섯째로 왕의 지석 이면

집』11(인문·사회과학편) 대한민국학술원, 1~16쪽 : -2) 瀧川政次郎, 1972,「百濟武寧王妃墓碑陰の冥券」,『古代文化』24-3, 고대학협회, 67~73쪽 : -3) ____, 1972,「百濟武寧王妃墓碑と陰冥券考追考」,『古代文化』24-7, 고대학협회, 188~192쪽 : -4) 大谷光男, 1973,「백제무녕왕·동왕비의 묘지에 보이는 曆法에 대하여」,『고고미술』119, 한국미술사학회, 2~7쪽 : -5) 임창순, 1974, 매지권『무녕왕릉』, 문화재관리국, 46~62쪽 : -6) 사재동, 1981,「무녕왕릉문물의 서사적 구조」,『백제연구』12, 충남대학교 백제연구소, 5~48쪽 : -7) 李殷昌, 1984,「무녕왕릉의 지석과 원가력법」,『동방학지』43, 연세대학교 국학연구원, 39~52쪽 : -8) 鄭求福, 1987,「무녕왕지석 해석에 대한 일고」,『송준호 교수 정년기념논집』, 39~52쪽 ; -9) 佐竹保子, 1984,「百濟武寧王陵誌石の字跡と中國石刻文字との比較」,『조선학보』111, 조선학회, 119~187쪽(차례는 발표 연대순이며 앞으로 인용할 주는 필자와 이 고유번호만 명시하기로 한다).

에 음각되어있는 간지를 방위도 또는 능역도라고 부르는데 천간의 '戊己' 두 자만 아래 좌, 우 구석에 빼서 음각하고 있다. 그 의도는 무엇이며, 상변 일면에 간지를 기입하지 않고 비워두는 이유는 또한 무엇인지 알아보기로 하겠으며 아울러 왕과 왕비 지석 중앙 약간 윗쪽에 직경 1.1cm 정도의 구멍을 뚫었는데 그 이유는 무엇인지 하는 문제를 고찰해보기로 하겠다. 일곱째로 왕과 왕비는 합장해서 매장되었는데 이러한 매장법은 어디서 왔으며, 그 근거는 무엇인지 알아보는 한편 왕의 지석 전면에 새겨져 있는 글자 가운데 일곱째 줄에 새겨져 있는 글자는 무슨 자인지, 또 매지문 가운데 불분명한 글자를 나름대로 판독해보기로 하겠다. 여덟째로 매지문과 지석 제작의 사상적 근거가 도교에서 유래된 것이라고 하는 주장도 있는데 그것이 전부인지 알아보기로 하겠다. 끝으로 왕과 왕비의 지석문에서 얻은 백제의 사상, 풍습, 문화의 자료를 통해서 백제의 위상을 정립해보고 나아가 그것이 외국에 끼친 영향까지 살펴보기로 하겠다.

2. 무녕왕의 치적

　　삼국사기 무녕왕조의 기록과 왕의 지석 기록에 의하면 왕은 동성왕(479~501)의 둘째 아들로 개로왕 8년(462)에 태어나서 40세(501)에 왕위에 오른 후 23년 동안 재위하였다가 62세를 일기로 사망하였음을 알 수 있다(523). 왕의 신장이 8척이요, 눈썹은 그림과 같았으며, 인자하고 후덕해서 인심을 얻었다고 한다. 그의 부친 동성왕은 고구려의 남침으로 蓋鹵王이 패사하고(475) 서울을 웅진(공주)으로 천도한 후 백제의 기틀을 굳건히 마련한 왕이다. 그는 왕권강화 내지는 정책적인 일환으로 세력있는 백가를 지방인 가림성으로 축출하는 데까지는 성공했으나 백가의 반란으로 시해되고 말았다(501). 이와 같은 변란 속에 무녕왕이 둘째 아들로서 왕위에 오르게 된 것2)은 그의 인물됨이 출중했음을 의미한다고 볼 수 있다. 그는 즉위하자마자 백가를 처단하여 시체를 백강에 띄워버리는 단호한 조치를 취하였다.

무녕왕은 집권한 후 부친인 동성왕이 다져놓은 국력을 배경으로 조부인 개로왕의 패사 등으로 인해 숙적 관계에 있던 고구려의 남침을 저지하는 데 총력을 기울였다. 즉 무녕왕 원년(501), 2년(502), 3년(503), 7년(507), 12년(512)에 걸쳐서 해마다 남침해온 고구려와 말갈군을 성공적으로 막아낸 후 23년(523)에는 친히 한성까지 나가서 쌍현성을 축조하여 고구려의 남침을 완전 저지하는 데 성공했다. 이와 같은 고구려에 대한 백제의 성공적인 견제는 중국의 梁나라에게까지 알려져 '백제는 여러 차례 고구려를 격파해서 다시 강국이 되었다'3)고 평가하고 있다.

그러면 무녕왕대의 대 남조관계 특히 양조와의 관계에 대해서 살펴본 후 그 사상적 배경을 고찰해보고자 한다.

무녕왕이 즉위한 다음 해인 502년에 남조의 齊가 양무제에 의해 멸망당하고 이후 3대 55년에 걸쳐 양이 남조의 주인공이 되었다. 양무제는 이른바 '天監의 治'라고 할 수 있는 치적을 쌓아 국력을 키워 북위의 세력과 대치했을 뿐만 아니라 문화의 질적 향상에도 힘썼다.

백제는 역사적으로 중국 선진문화를 수용하는 데 적극적이었

---

2) 이기백, 1959, 「백제왕위계승고」, 『역사학보』 11, 역사학회, 42쪽.
3) 『양서』 권 54, 백제조, 「累破句麗, 今始與通好 而百濟更爲强國」.

으며, 그것은 무녕왕대에 이르러서도 일관성 있게 추진되어 남조 양과의 교류는 지극히 빈번하였다. 무녕왕대의 對梁 외교관계 기사를 살펴보면 다음과 같다.

(1) 『삼국사기』 권12 무녕왕 12년 夏4월
「遣使入梁朝貢」
(2) 동 무녕왕 21년 冬11월
「遣使入梁朝貢 … 遠修貢職」[4]
(3) 동 聖王 19년(541)
「王遣使入梁朝貢 兼表請毛詩博士, 涅槃等經義, 並工匠, 畫師等從之」
(4) 『梁書』 권54 東夷百濟條
「大同七年 累遣使獻方物, 並請涅槃等經義, 毛詩博士, 並工匠, 畫師等, 勅並給之」

위의 사료 중 『삼국사기』의 사료 (1), (2), (3)은 중국 양나라에 대한 견사 기록을 모두 '조공'[5]이라고 기록하고 있는 반면에 정작 중국측의 『양서』에는 '遠修貢職' 또는 '累遣使獻方物'이라고 표현하고 있다. '원수공직'에서는 공직의 해석을 '조공의 직분'으로 해석하느냐, '공물의 직분'으로 해석하느냐에 따라서 달라질 수 있고, 또 양국의 입장에서 해석하는 데에 따라 그 의미가 달라질 수도 있으나 사료 (4)의 '지방 토산물을 바쳤다'고 하는 기록이 『삼국사기』에는 '조공'으로 둔갑해 있음을 확인할 수 있다.

---

4) 遣使入梁朝貢, 先是爲高句麗所破 衰弱累年, 至是上表, 稱累破高句麗, 始與通好, 而更爲强國, 十二月高祖詔冊王曰, 行都督百濟諸軍事鎭東大將軍百濟王餘隆, 守藩海外, 遠修貢職, 迺誠款到, 朕有嘉焉. 宜率舊章, 授玆榮命, 可使持節都督百濟諸軍事寧東大將軍.
5) 조공이라 함은 諸侯나 속국의 사신이 천자의 조정에 와서 공물을 바치는 것을 말함.

이것은 고려시대라고 하는 시대상황과 아울러 김부식의 수사 태도에 문제가 있었음을 의미하는 것이다. 당시의 한·중간의 관계는 尊者와 卑者 또는 강자와 약자와의 관계, 환언하면 종속관계라고 하기보다 평화적인 대등관계였다는 것이6) 일찍이 밝혀진 바 있다. 다시 말하면 백제와 양과의 외교관계는 속국의 주종관계가 아니라 선린의 동반자관계였던 것이다. 이와 같은 선후진국간의 외교관계 내지 대소국간의 외교관계에 대한 쌍무협정격인 정의를 선진사상에서 찾아보면

「以大事小者 樂天者也, 以小事大者, 畏天者也, 樂天者, 保天下, 畏天者, 保其國」7)

에서 그 원리를 찾아볼 수 있다. 즉 '이소사대'와 '이대소사'는 똑같이 상대방의 주권을 인정하고 존중하는 것이므로 선린의 동반자관계임을 의미하는 것이다.

다음은 무녕왕대의 대신라와 대왜관계에 대해서 살펴보고자 한다.

신라는 무녕왕대까지도 자력으로 梁과 통래하지 못하고 백제 사신을 따라서 처음으로 왕래하게 되었으며, 의사소통도 백제를 통해서만 할 수 있었음을 볼 때8) 백제는 신라를 嚮導하는 위치에 있었음을 엿볼 수 있다(521).

또한 대왜관계에서도 백제는 5세기 초부터 아직기, 왕인 박사 등이 왜국에 가서 학문을 전수해주었으며 무녕왕 16년(516)에는 오경박사 고안무9)가 段楊爾를 대신해서 왜에 건너가 학문을 전

---

6) 전해종, 1970, Ⅱ. 「조공관계연구」, 『한중관계사연구』, 일조각, 36쪽.
7) 『맹자』 권 2 양혜왕 조.
8) 주3) 신라 조.

수해주었는데 오경박사라고 하는 명칭으로 보아 유학의 경전을 전수해주었음을 알 수 있다. 이후 성왕대부터 위덕왕대에 이르기까지 유교가 계속 전수되었음을 『일본서기』 등은 전하고 있다.10) 모든 것으로 미루어 살펴볼 때 무녕왕대의 대신라관계는 선린의 향도관계였던 것으로 짐작되고 대왜관계는 선진문화를 전수해주는 '事小'의 외교관계였음을 알 수 있다.

다음은 무녕왕의 내치를 살펴보기로 하겠다. 『삼국사기』 권26 무녕왕 6년조를 보면 봄에 질병이 돌고, 3월에서 5월까지 비가 오지 않아 냇물이 고갈되고, 백성들이 굶주리자 곡식을 풀어서 구제사업에 힘을 썼으며 10년에는 슈을 내려 제방을 완고하게 수축하게 한 다음 백성들로 하여금 안심하고 농사를 짓게 하여 민생안정을 도모했다고 한다. 이것은 기름진 호남평야에서의 농업생산의 증가를 가져왔고 이는 곧 백제의 군사적·문화적 발전의 뒷받침이 되었을 것이다.11) 이와 같은 무녕왕의 치적을 종합 평가해볼 때 부친인 동성왕을 살해한 苩加에 대해서는 단호하게 처단하고, 고구려의 남침에 대해서는 이를 저지하는 데 성공하였으며 중국 양과의 대외관계에 있어서는 우방으로서의 쌍무협정격인 국제관계를 이룩하였고, 신라에 대해서는 선린의 향도 역할을 했으며, 왜에 대해서는 선진문화를 전수해주는 여유와 우위를 보여주었다. 또한 내치에 있어서도 민생의 안정을 위해 養民에 주력해서 국가의 안녕을 가져왔으니 '무녕'의 시호에 맞는 치적의 성과를 거두었다고 평가할 수 있다.

---

9) 『일본서기』 권 17 繼體天皇 10년 조.
10) 『일본서기』 권19 欽明天皇 13년, 14년 조.
11) 이기백, 1974, 「百濟史上의 武寧王」, 『무녕왕릉』, 삼화출판사, 68쪽.

3. 지석문 자료에 대한 검토

무녕왕릉 출토 지석문 자료

(1) 왕의 지석문

	1	2	3	4	5	6	7	8	9	10	11
一	寧	東	大	將	軍	百	濟	斯			
二	麻	王	年	六	十	二	歲	癸			
三	卯	年	五	月	丙	戌	朔	七			
四	日	壬	辰	○	崩	到	乙	巳	年	八	月
五	癸	酉	朔	十	二	日	甲	申	安	厝	
六	登	冠	大	墓	立	志	如	左			
七	?										

(2) 왕비의 지석문

	1	2	3	4	5	6	7	8	9	10	11	12	13
一	丙	午	年	十	一	月	百	濟	國	王	太	妃	壽
二	終	居	喪	在	酉	地	己	酉	年	二	月	癸	
三	未	朔	十	二	日	甲	午	改	葬	還	大	墓	立
四	志	如	左										

(3) 왕의 지석문 裏面에 간지로 표시된 위치도

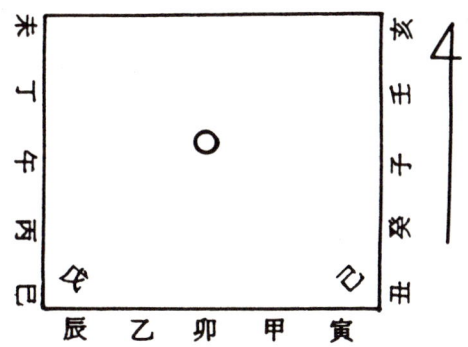

(4) 왕비의 지석문 이면에 있는 買地文

	1	2	3	4	5	6	7	8	9	10	11	12	13
一	錢	一	萬	文			右	一	件				
二	乙	巳	年	八	月	十	二	日	寧	東	大	將	軍
三	百	濟	斯	麻	王	以	前	件	錢	?	土	王	
四	土	伯	土	父	母	上	下	衆	官	二	千	石	
五	買	申	地	爲	墓	故	立	券	爲	明			
六	不	從	律	令									

1) 자료 (1) 왕의 지석문과 자료 (2) 왕비의 지석문에 대한 검토

편의상 왕의 지석문은 번호 1-1로 왕비의 지석문은 2-1로 분류해서 검토해보기로 하겠다.

1-1 「寧東大將軍 百濟斯麻王」

이것은 왕의 지석에 쓰인 첫번째 구절로 이 무덤의 주인공을 알려주는 중요한 자료이다.

영동대장군이란 양나라에서 받은 직함이요, 사마왕은 이 무덤의 주인공인 무녕왕의 이름이다. 영동대장군이란 직함의 수수에 대해서는 사대의 예를 다하고 책봉을 받은 것이 아니라, 중국의 의례적인 수여로 규정짓고 자존심에 하등의 불명예스러운 일이 아니라고 해석하는데 의견의 일치를 보았다.12) 이와 같은 의견에 필자도 동의하는 것은 이미 위에서 언급한 바와 같이 양국관계가 어디까지나 '사대'와 '사소'의 쌍무협정격인 외교관계에 있었다고 생각되기 때문이다.

다음은 사마왕의 출자에 대해서 살펴보기로 하겠다.『일본서기』웅략천황 5년(460)조와 백제신찬의 자료를 인용한 武烈天皇 4년(502)조에는 무녕왕이 일본 筑紫嶋에서 출생해서 사마왕이라고 이름지었다고 기록되어 있다.13) 이 자료에 근거를 두고 日人 학자 일부는 무녕왕이 동성왕의 둘째 아들이라고 하는『삼국사기』의 기록을 무시하고『일본서기』의 기록에 추종하는 주장을 하고 있다. 이에 대해 이기백은 양자간의 시비를 가릴 수 있는

---

12) 이병도 1-1), 9~10쪽 : 김상기, 1974,「웅진시대에 있어서의 백제의 대륙관계」,『무녕왕릉』, 문화재관리국, 72~73쪽 ; 임창순 1-5), 54쪽 ; 정구복 1-8), 40~41쪽 : 김한규, 1989,「남북조시대의 중국적 세계질서와 고대한국의 막부제」,『한국고대의 국가와 사회』, 역사학회편, 일조각, 180쪽.
13) 日本書紀 卷14 雄略天皇 5년 6월조 孕婦果如加須利君言, 於筑紫各羅嶋産兒, 仍名此兒曰嶋君, 於是軍君卽以一船 送嶋君於國, 是爲武寧王, 百濟人 呼此嶋曰主嶋也 ; 日本書紀 卷16 武烈天皇 4년 4월조 是歲, 百濟末多王無道, 暴虐百姓 國人遂除而立嶋王, 是爲武寧王. (百濟新撰云 末多王無道, 暴虐百姓, 國人共除, 武寧立 諱斯麻王, 是混支王之子, 則末多王異母兄也, 混支向倭時, 至筑紫生斯麻王, 自嶋還送, 不至於京, 産於嶋, 故因名焉).

제3의 자료가 없는 이상 당분간 가부의 판단은 단념할 수밖에 없다는 것이 오히려 공정한 태도14)라고 하여 객관적 입장에서 이 사실을 취급하고 있다. 그런데 임창순이 「무녕왕릉 보고서」15)에서 다시 일본출자설에 동조하는 듯한 주장을 폈기에 다시 한 번 이기백의 주장에 동조하면서 이 글에서는 『삼국사기』에 제시된 자료를 따르기로 한다.

1-2 「年六十二歲 癸卯年五月丙戌朔七日壬辰 崩, 到乙巳年八月癸酉朔十二日甲申安厝」

2-1 「丙午年十一月 百濟國王太妃壽終居喪在酉地 己酉年二月癸未朔十二日甲午改葬」

1-2는 왕이 62세 되던 계묘년(523) 5월 7일에 죽고 을사년(525) 8월 12일에 안조했다 하는 내용이며 2-1은 병오년(526) 11월 백제국왕태비가 돌아가니(수종), 서방에 가매장(居喪)16)했다가 기유년 2월 12일에 개장했다고 하는 내용이다.

위에서 두 가지 사료는 왕과 왕비의 생몰 연대와 장사를 지낸 데 대한 기록인데 내용은 같으면서도 표현면에서 상당한 차이가 있음을 알 수 있다.

첫째로 왕의 지석에는 '영동대장군 백제사마왕'이라고 하는 주인공의 직함과 이름 그리고 '연 육십이세'라고 연령과 아울러 생몰 년, 월, 일까지 적혀 있는 반면에 왕비의 지석에는 사망년, 월

---

14) 이기백, 1959, 「백제왕위계승고」,『역사학보』11, 역사학회, 18쪽.
15) 임창순 1-5), 55쪽.
16) 居喪은 부모상을 당하고 있거나 부모상을 당하고 있을 때 입는 상복을 말함.

만 적혀 있고 연세가 생략되어 있으며,

둘째로 왕의 죽음에는 '崩'자를 사용했는데 왕비의 죽음에는 '壽終'이라고 표현하고 있고,

셋째로 왕비는 서방에 가매장했다가 개장을 했는데 왕은 직접 장사를 지낸 것 등이다.

넷째로 왕에 대한 기록은 지석의 전면에 7행에 걸쳐서 가로 2.5cm, 세로 2cm 크기의 글씨로 큼직하게 음각한 반면에 왕비에 대한 기록은 15행을 만들고도 4행에 걸쳐서 가로 1.5cm, 세로 1.5~1.0cm 정도의 작은 글씨로 음각하고 있다.

다섯째로 왕을 높이는 뜻에서인지 왕과 관련된 글자에는 반각 혹은 한자씩 띄워서 각자를 한 반면, 왕비의 지석에는 간격없이 각자를 하였다. 즉, 왕의 이름인 '사마왕'의 '사'자와 '연 육십이세'의 '육'자 위에는 반각을 띄운 듯 하고 왕의 죽음을 표시한 '붕'자에는 한 자를 띄워서 각자를 하고 있다.

여섯째는 왕의 지석에는 전면에 지석문과 그 이면에는 왕릉의 위치도가 음각되어 있고, 또 한 장의 지석 전면에는 매지문이 음각되어 있다. 그 뒷면에는 왕비의 지석문을 음각하여 소홀하게 처리하고 있는 것이 그 예라 할 수 있다.

이와 같은 왕과 왕비에 대한 기록의 차별은 아마도 유교의 '남존여비'[17)]사상에서 온 것으로 짐작되는데 (『무녕왕릉』, 도판 12, 13, 76, 78 참조) 이것만으로도 이 지석을 작성한 사상적 배경이 유교에 있었음을 시사해주는 자료라고 풀이할 수 있을 것

---

17) 남존여비사상은 『주역』 繫辭의 '천존지비' 사상에서 나온 것이다. 천존지비는 '天高地低'의 현상을 설명한 것이지 귀천의 의미로 사용한 것이 아닌데 이를 잘못 해석하여 남자는 귀하고 여자는 천한 것으로 부연해서 해석하는 우를 범하고 있다.

같다.

그런데 왕과 왕비의 지석문 가운데 공통점이 있다. 그것은 왕비의 경우 사망한 병오년(526) 11월부터 기유년(529) 2월 12일 왕과 합장할 때까지 27개월 동안 거상(상중)을 하고 있는데 왕 또한 사망한 계유년(523) 5월 7일로부터 27개월만인 을사년(525) 8월 12일에 안장하고 있어 다같이 27개월만에 장사를 지냈다고 하는 공통점을 보여주고 있는 사실이다. 이것은 결코 우연의 일치가 아니며 거상 27개월만에 중추(8월) 12일과 중춘(2월) 12일 장사를 지낸 것이니 아마도 27개월만에 택일을 해서 장사를 지냈음을 알 수 있다.[18] 이에 이 글의 핵심이 되는 거상 27개월에 대한 역사적 배경을 살펴보기로 하겠다.

『삼국지』「동이전」에는 우리나라의 고대상제에 대해서 다음과 같이 기록하고 있다. "夫餘는 停喪이 5개월로 되어 있으나 오래할수록 영광으로 생각하니 상주들은 정상하기를 서두르지 않으므로 주위 사람들이 강제로 권해서 정상하도록 하였다. 상중에는 남녀 모두 흰 베옷을 입고 패물을 차지 않았으며 대체로 중국 풍습과 비슷하다"[19]고 하였다. 고구려 풍습은 백제의 전신이었던 韓 사회도 제반사가 부여의 풍속과 같았으며 장사를 지내는 데는 槨만 쓰고 棺은 쓰지 않았다고 하는 기록으로 미루어볼 때 부여, 고구려, 한 사회의 장례제도가 비슷했음을 알 수 있다.[20]

삼국에 대해서 가장 소상하게 기록하고 있는 『周書』에 의하

---

18) 정구복 1-8), 41쪽.
19) 「위서 동이전」 1975, 제30 부여조(『삼국지』 권30, 경인문화사, 843쪽).
20) 주19) 고구려·한 조 85쪽.

면 고구려의 상제에 대해서 부모와 남편상의 服制는 중국과 같았으나, 형제상은 3개월간으로 한정했다고 하며 백제에서는 부모와 남편상에는 3년 동안 상복을 입었다고 한다.21) 이와 같이 부여, 고구려, 백제의 상제는 또한 중국과 더불어 비슷했다고 하였다. 이에 중국의 상제에 대해서 살펴보기로 한다.

중국에서는 부모상의 경우에 3년상을 입었으며 상제에는 斬衰와 齊衰 두 가지가 있었던 것으로 전해오는데 이와 같은 제도는 堯임금이 죽었을 때 舜임금과 백성들이 부모상과 같이 3년상을 입은 데서부터 시작되었다고 하며22) 殷의 고종(무정)은 그의 아버지 소을이 죽자 묘막을 짓고 거기서 기거하면서 3년 동안 복상한 사실이 『書傳』23)에 전해지고 있다.

위에서 제시한 역사적 사실에 근거를 두었음인지 공자는 3년상의 복제가 이미 오래 전부터 전해 내려왔다고 하였고,24) 맹자도 부모상에 상복을 입고 죽을 마시며 3년복상을 하는 것이 천자로부터 서민에 이르기까지 하, 은, 주 3대로부터 전해져25) 내려오는 상제라고 하였다. 부모상에 3년 동안 복상을 하는 것은 사람이 태어난 후 3년을 지내야 부모의 품을 면할 수 있기 때문에 모든 사람들에게 공통된 상제26)로 채택되어 내려왔다고 한다. 3년상에는 23개월설과 27개월설이 있다. 공자는 3년상에 대해서 滿 36개월을 의미하는 것인지 27개월이나 25개월설을 주장하는

---

21) 주19) 백제조.
22) 『중문대사전』, 1973, 삼년상 조, 중국 문예대학출판부, 21쪽.
23) 『書傳』 제3권 商書 說命 上.
24) 『논어』, 1965, 陽貨, 현암사, 191쪽.
25) 『맹자』 권5 1976, 藤文公장구 상, 명문당, 123쪽.
26) 주24) 양화 194쪽.(「子生三年然後 免於父母之懷 夫三年之喪, 天下之通喪也」).

것인지를 명확하게 밝힌 바 없고 다만 3년상이 끝났어도 그 달은 넘기고서 풍류를 즐기는 것이 도리27)라고 했을 뿐이다. 이에 근거를 두었음인지 후한 鄭玄28)은 25개월만에 大祥을 치루고 禫祭를 지내며 28개월만에 평상 생활로 복귀할 수 있다고 주장하고, 魏의 王肅29)은 3년상은 25개월만에 마친다고 하는『예기』의 기록30)에 근거를 두고 25개월을 주장하여 양설이 채택되어 내려왔는데 宋의 주희(1130~1200)에 의하여 왕숙의 25개월설이 채택된 후 현재까지 전해오고 있다.

중국에서의 3년 복상의 역사적 배경을 살펴보면 우리나라의 고대상제와 유사했음을 알 수 있고, 특히 백제는 부모와 남편상에 3년 복상을 했었다고 하는 기록과 함께 무녕왕과 왕비가 27개월 동안 상례를 마친 다음에 장사를 지냈다고 하는 것에서 정현의 27개월 복상제를 채택, 사용했음을 알 수 있다. 그리고 왕의 장사는 중추 12일, 왕비의 장사는 중춘 12일에 지낸 것도 우연의 일치가 아니고 택일을 한31) 것임은 확실하다.

1-2, 2-1의 끝부분에 나오는 왕의 안조와 장지의 개장에 관한 문제이다. 왕과 왕비의 시신은 목관을 사용하여 이곳에 장사지냈음이 밝혀졌는데 장법에 대해서는 그 유래가 어디인지 뒤의 고찰부분에서 다시 살펴보기로 하겠다.

---

27) 檀弓 상 1986, 제3,『예기』권3, 보경출판사, 74쪽.
28) 2세기 후반 후한 영제 때 사람 예학자(『중국인명사전』, 1982, 台灣 商務印書館, 1517쪽).
29) 삼국시대 위인, 예학자 정현의 반대파.
30) 3년간 帝 38,『예기』주26), 135쪽 :『단궁』상 제3 맹헌자,『예기』주26), 77쪽.
31) 정구복 1-8), 46쪽.

1-3「登冠大墓 立志如左」

[?]

2-2「還大墓 立志如左」

위의 자료에 대해서는 이병도의 해석에 동의하면서 앞서 제시한 정구복의 논문에서 '등관대묘'를 '올려모신다'[32]로, '입지여좌'는 '기록하기를 이상과 같다'고 해석한 것에 역시 동의하면서 비견을 제시하는 바이다. 먼저 이 자료에 나온 '志'자의 내용에 대해서 살펴봄으로써 이 기록이 지석의 격에 맞는지를 알아보기로 하겠다.

'志'는 '誌'자와 통용되는 글자이다. 왕과 왕비에 대한 기록을 검토해보면 이름과 직함, 연령, 졸일, 장사날짜에 대한 기록과 함께 별도로 간지를 기록한 위치도와 매지에 대한 기록이 적혀 있다.

묘지의 성격에 대한 규정을 살펴보면 郝伯常은 世系, 名字, 始起, 建功立事, 年壽, 薨卒, 殯葬, 銘辭의 8가지 조건을 들고 있고, 왕행은 여기에 향읍, 족출, 행치, 처, 자 등 5가지 조건을 덧붙여 13가지 조건을 제시하고 있다.[33] 이 글에서 논하려는 왕과 왕비의 지석에 대한 내용을 검토해볼 때 위에서 제시한 조건에 완전 부합되지는 않지만 걸맞은 것은 사실이고 또 분명하게 '立志如左'라고 하는 '志'자가 있어서 돌에 새겨진 글이 왕과 왕비의 지

---

32) 정구복 1-8), 41~42쪽.
33) 諸橋轍次, 1968,『대한화사전』권9, 대수관서점, 246쪽.

석임을 명백히 해주고 있다. 이에 부합되는 묘지의 사례로서 東晉 劉岱의 墓誌34)를 들 수 있는데 그 내용도 銘文과 功德에 대한 칭송 없이 ① 墓主의 姓名과 歷官 및 鄕里 ② 生死葬日과 地點 ③ 祖孫과 親屬의 姓名과 官職 등으로 요약하고 있음을 감안해볼 때 왕과 왕비의 지석이 더 간략하지만 墓誌의 성격을 띤 내용인 것만은 분명하다. 그러나 왕과 왕비의 지석문을 뒤에 설명할 買地文에 초점을 맞추어서 買地券을 위한 일부의 기록으로 해석하는 주장도 있다. 그 주장도 묘지의 조건에 맞는다는 사실을 밝혀두는 바이다. 이에 대해서는 買地文條에서 재론하기로 한다.

「立志如左」 옆줄인 七行-1에 글자 한 자가 새겨져 있으나 분명치 않다. 이병도도 이것에 대해 분명치 않다35)고 한 바 있으나 어떤 뜻을 가진 글자임이 분명하므로 뒤에 나올지도 모르는 高見을 기다리는 의미에서 鄙見을 피력하는 바이다. 왕의 지석문을 '立志如左'라고 쓰고 한 자 띄워서 7행에 한 자를 더 기록하고 있다. 왕의 지석문 가운데 한 자를 띄운 경우는 '崩'자이며 半刻을 띄운 곳은 '斯麻王'과 왕의 연령인 62세의 위에 半刻을 띄운 것과 같이 왕을 높이는 뜻이 있음을 엿볼 수 있다. 따라서 '立志如左' 다음에 한 자를 띄우고 각자한 글자는 왕과 관련된 글자일 것으로 짐작된다. 또한 글자의 형태로 보아서 왕의 무덤이란 뜻을 가진 '穴'字나 '冢(王冢)'자가 아닌가 하며 뒤에 적혀있는 位置圖와 관련을 가지고 있는 글자로 생각된다. 이 字만이 아래위로 뜻이 통할 것 같다.

---

34) 진강박물관, 1977, 「劉岱墓地簡述」, 『文物』-6, 55쪽.
35) 이병도 1-1), 11쪽.

2) 干支로 표시된 位置圖에 대한 검토

王의 誌石 裏面에는 2.5cm의 간격을 두고 周緣에 陰刻을 돌리고 陰刻에 걸쳐서 다음과 같이 十干十二支의 문자가 陰刻되었으나 「申·庚·酉·辛·戌」의 5字分이 缺字되어 있다. 그리고 誌石表面向右端에서 19.9cm, 下端에서 20cm되는 위치에 1.1cm의 구멍이 뚫려 있다.36) 王陵의 향좌는 癸坐丁向이다.

위에서 제시한 자료 3에서 볼 수 있듯이 十干 가운데 戊己만을 아래쪽 모서리에 음각하여 배치하고 있다. 그리고 三面 선 위에 걸쳐서 干支를 음각해서 배치하고 있는데 상변 한쪽만은 빈 칸으로 남겨두고 있다. 이에 대해서 方位表37)로 보는 견해와 陵域圖38)로 보는 견해가 있는데 이에 찬동하는 한편 이 글에서는 왕과 왕비의 陵墓位置圖로 보고 그 사상적 배경에 대해서 고찰해보고자 한다.

'干支'는 '幹枝'라고 쓰기도 하는데, 글자의 의미로 보아 '幹'이 體가 되고 '枝'가 用39)이 됨을 쉽게 이해할 수 있고 또한 陰과 陽, 二元論的 의미도 지니고 있음을 알 수 있다.

干支 사용의 역사적 배경을 살펴보면 夏代의 王名에 報丁·報乙·報丙·主壬·主癸·履癸(桀)40) 등이 天干을 사용하였고, 殷代에는 건국한 湯王의 이름이 天乙로서 天干의 '乙'字를 사용한 이래 31대 紂王의 帝辛41)에 이르기까지 모두 天干을 채택해

---

36) 임창순 1-5), 47쪽.
37) 임창순 1-5), 53쪽.
38) 이병도 1-1), 9~10쪽.
39) 陳道嬀, 1984, 「夏商周天文學史」, 『중국천문학사』 상, 중화민국 명문서국, 13쪽.
40) 『사기』 권13 1975, 三代世表 제1, 경인문화사, 490~495쪽.

서 이름을 짓고 있다. 이것은 天干이 地支보다 먼저 생겨났을 가능성도 있음을 의미하는 동시에 가장 소중한 뜻을 내포하고 있음을 의미하는 것으로 보인다.

　문헌에 나타나는 자료를 뒷받침해주는 것으로서 殷墟에서 출토된 甲骨에 干支의 명칭이 사용되었다는 사실을 들 수 있다. 殷은 下代인 盤庚때 奄(山東省 曲阜)에서 殷(河南省 安陽)으로 천도를 하고 국호를 '殷'이라고 하였다. 이곳 殷墟를 1899년이래 발굴, 조사하게 되었는데 그동안 10여 만 편에 달하는 甲骨文字를 수습하게 되었다. 甲骨文에는 干支 첫번째인 甲子에서 30번째에 해당하는 癸巳와 60번째에 해당되는 癸亥를 새긴 두 가지 종류의 干支를 사용하고 있었다. 이것을 풀이해본 결과 30일 한 달을 기준으로 4계절과 1년을 구성하는 曆法의 원리가 담겨져 있음을 알게 되었다.42) 이 원리에 대해서는 『書經』「洪範」에 잘 나타나 있다.43)

　洪範에서는 첫번째로 水火木金土 五行 原理를 설명하고 네 번째에 歲·月·日·星辰·曆數의 五紀를 설명하고 있는데 이것은 干支의 曆法과 같은 원리로 설명하고 있다. 曆은 바로 月日星辰의 운행에 맞추어서 연월일시를 작성한 것이니, 水火木金土도 星名에서 나온 것임으로 曆數의 기본자료가 되어 불가분의 관계에 있는 것이다. 그리고 다섯 번째로 '建用皇極'이라고 하여 五皇極思想을 설명하고 있는데 이 五皇極은 水火木金土 五行의 '土'와 같은 위치이다. 五行의 土는 稼穡을 해서 生民을 하는 데 직

---

41) 진도규 38), 13쪽.
42) 갑골문에서는 관공서에서 사용한 공문서와 풍년을 기원하는 내용 등 많은 종류의 자료가 있었다.
43) 洪範, 1967, 『書經』, 현암사, 236~255쪽.

접적인 관계가 있으므로 가장 중요한 위치에 있다.

이 曆數思想을 五行原理에 맞추어서 鄭玄은 다음과 같이 설명하고 있다. 그는 『周易』繫辭의 「大衍之數五十, 其用四十有九…」를 설명하는 데서 1, 2, 3, 4, 5, 6, 7, 8, 9, 10의 河圖數는 55인데 이는 五行原理와 상통하고 있다고 전제하고 이를 다음과 같이 설명하고 있다.

「天一生水於北, 地二生火於南,
天三生木於東, 地四生金於西,
天五生土於中
地六成水於北, 天七成火於南,
地八成木於東, 天九成金於西,
地十成土於中」44)

이 五行原理에 十干의 甲乙丙丁戊己庚辛壬癸와 十二支의 子丑寅卯辰巳午未申酉戌亥를 안배해보면 다음과 같다.

五行 分類	木	火	土	金	水
方位	東	南	中央	西	北
季節	春	夏	中	秋	冬
曆數	三, 八	二, 七	五, 十	四, 九	一, 六
五星	歲星	熒星	鎭星	太白星	辰星
五常	仁	禮	信	義	智
干	甲乙	丙丁	戊己	庚辛	壬癸
支	寅卯	巳午	辰戌丑未	申酉	亥子

---

44) 李偉泰, 1973, 「論宋儒河圖洛書之學」, 『공맹학보』 제26기, 台北明文書局, 138쪽.

위에서 오행원리에 십간, 십이지를 안배해보았는데 甲乙과 寅卯는 '木'기운에 해당하고 丙丁과 巳午는 '火'기운에 해당되며, 戊己와 辰戌丑未는 '土'기운에 해당된다. 또한 庚辛과 申酉는 '金'기운에 해당되며 壬癸와 亥子는 '水'기운에 해당된다. 십이지 가운데 五十 토에 해당되는 辰, 戌, 丑, 未를 寅卯에 진, 巳午에 미, 申酉에 술, 亥子에 축을 안배하게 되면 십이지가 배열된다.45) 이 십이지는 시간적으로 안배하면 12시가 되고 공간적으로 안배하면 12방위가 되는데 이것을 3개월 1계절로 나누게 되면 4계절이 되며 지지 3개씩을 묶어서 12방을 나누게 되면 사방이 된다. 이처럼 오행과 십간, 십이지의 배열은 이신동체처럼 상호부합되어 불가분의 관계가 있는 것을 알 수 있다. 이에 대해서 晋成帝 咸康 4년(A.D. 338)에 작성된 것으로 전해지는 朱曼妻 薛氏 매지권에 「從天買地 從地買宅, 東極甲乙, 南極丙丁, 西極庚辛, 北極壬癸, 中極戊己…」46) 등의 기록이 있는데 이로 인해 천간을 사방에 배치시켜 사용해왔고 戊己를 중앙에 배치했음을 알 수 있다. 훈민정음해례에도 戊己土는 일정한 위치가 없어서 사계절의 의의에 붙인다47)고 설명하고 있다. 또한 1년 가운데 춘3월, 하6월, 추9월, 동12월에 늘어 있는 부기일은 重喪日이라 하여 장일을 금하고 있으니 이것은 무기를 존중하는 의미에서 피하는 것이 관례로 되어 있으며 하6월의 무기는 중하라 하여 삼복더위가 들어 있는데 이 계절은 '土王之節' 또는 '土旺之節'이라고 부르고 또 사용하고 있어, 가장 으뜸가는 계절로 알려져 있다. 이 모두가

---

45) 나주성, 1980, 「釋陰陽五行之學」, 『문사철학보』, 명문서국, 13~19쪽.
46) 임창순 1-5), 53쪽.
47) 훈민정음 解例 制字解.

戊己 중앙토를 존중하는 의미가 내포되어 있는 것이다.

그러면 왕의 지석 이면에 새겨진 십간, 십이지에 대해서 고찰해보기로 하겠다. 위에서 제시한 지석 이면의 간지 배열을 살펴보면 무기가 지석 아래쪽 모서리 안쪽에 음각되어 있고, 북쪽 일면은 공간으로 남겨둔 채 배열하고 있다. 오행원리에서 무기의 위치를 상고해보면 歷數로서는 오십 중앙토에 해당된다. 오십 중앙토는 농사를 지어서 사람을 먹여 살리게 되므로 무엇보다도 중요하다. 십간 가운데 戊己는 다른 천간의 근간이 되기에 더욱 중요한 위치를 점유하고 있으므로 일부러 지석 하단 양 구석에 배치한 것이다. 무기의 위치와 상대되는 윗면에는 아무 기록도 없이 비워두고 있다. 무기에 상대될 만한 대상을 찾아보면 역수에서는 十과 五요, 현상세계에서는 일월과 천지에 해당되며 천지일월의 특성으로서는 乾, 坤에 해당된다. 건과 곤이 가장 중요한 원리이므로 주역 첫번째 괘에 乾坤卦를 배치하고 있으니 이것은 우주만물의 모체가 되는 것이다. 건은 '임금 건'자로 바로 왕위에 해당되며, 곤은 황제의 아내인 '황후 곤'자이므로 왕비에 해당된다. 이를 '乾殿'과 '坤殿'이라고 부르기도 한다. 건위와 곤위에 해당하는 무녕왕과 왕비가 직접 머리를 건위와 곤위에 해당하는 지석을 향해서 두고 실재해 있으므로 천지일월의 성정에 해당하는 건곤의 위치를 기록할 필요가 없었던 것으로 생각된다. 더욱이 왕과 왕비는 지존이므로 존경하는 의미로서도 비워두었을 가능성이 있다.

왕과 왕비를 향한 지석 일면에 해당하는 간지는 천간의 庚辛과 지지의 申酉戌에 해당되는데 천간과 지지는 위의 오행원리에서와 같이 공간적으로 서방에 해당된다. 위의 매지문의 내용과 같이 '申地' 즉 서쪽 땅을 사서 묘를 만들었다고 했으므로 매입한 신지에 해당되는 간지만 기록하지 않은 의미도 내포하고 있을 가능성이 있으나48) 건곤 존위에 대한 오황극사상, 다시 말하면 尊空思想49)을 강력하게 내포하고 있을 가능성이 크며 시간적이 아닌 공간적인 개념으로 기입했다고 볼 수 있다. 따라서 방위도나 능역도로 해석하는 견해에 동조하면서도 그 속에는 '戊, 己'를 역수사상의 '五, 十'에 두고 무기를 제외한 사방에 해당하는 팔간과 십이지를 배치하고 있음에 주목해야 할 것이다. '오십, 무기'의 역수원리는 주역의 圖書原理에서 나왔으며 위에서 언급한 바 있는 '무기'의 상대편에 비워둔 공간과 중앙의 구멍은 五皇極思想 즉 '十五戊己', '十五尊空'의 사상에서 나왔음을 밝혀둔다. 그 연원은 주역의 洛書原理에 팔괘방위도의 중앙을 비워둔 존공사상과 관련이 있음에 유의해야 할 것이다. 왕과 왕비의 지석 중앙에서 약간 높은 곳에 뚫려 있는 구멍(직경 1.1cm)도 위에서 설명한 바와 같이 오황극사상 즉 '무기'와 '존공'사상에서 비롯되었으며 무덤의 위치를 표시하는 것으로 추정된다. 또한 존공의 의미를 가지고 있는데 천간으로는 무기의 위치에 해당되며 방위와 계절에서는 중앙을 의미하고, 오행원리로서는 '土'에 해당하는 위치로 풀이할 수 있으며, 실제로는 무덤의 주인공인 왕과 왕비의 묘혈 또는 왕총 위치를 표시하는 오황극 즉 무기의 존공의 의미를 지닌 구멍으로 풀이한다.

---

48) 大谷光男 1-4), 154쪽 : 史在東 1-6), 47쪽.
49) 李正浩, 1976, 『정역연구』, 국제대학부설인문사회과학연구소, 208~209쪽에서 五皇極思想과 尊空思想이 같은 뜻으로 담겨져 있음을 잘 설명해주고 있다.

3) 매지문에 대한 검토

錢一萬文 右一件
乙巳年八月十二日寧東大將軍
百濟斯痳王以前件錢？土王
土伯土父母上下衆官二千石
買申地爲墓故立券爲明
不從律令

이것은 왕비의 지석 뒷면(실제로는 앞면으로 판단된다. 그 이유는 치석을 한 솜씨나 중앙에 구멍을 뚫은 위치가 지석을 뒤집어놓아야 왕의 지석 중앙에 뚫린 구멍과 같은 높이가 되기 때문이다.)에 음각되어 있는 매지문인데 '買申地爲墓故立券爲明'이라고 '券'자를 썼으므로 '買地券'이라고 하여도 좋을 것 같다.

매지문의 내용은 전일만문을 가지고 영동대장군 백제사마왕이 토왕, 토백, 토부모, 상하중관이천석에게 나아가(詣)50) 서쪽 땅(신지)을 사서 묘를 만들었으므로 증서(권)를 만들어 분명하게 했으니 어떤 율령도 이 영역에는 미치지 못한다51)고 하는 것이다.

묘지권은 중국 한대의 도교사상에서 그 연원을 찾아볼 수 있다고 전제하고 임창순은 그 내력을 다음과 같이 설명하고 있다.

'그 양식은 통행하는 화폐 또는 지전 등을 묘지를 영조할 때에 함께 넣고 그 돈으로 지신에게 묘소에 쓸 땅을 매입하는 형식을 밟아 증서에 해당하는 문서를 작성하여 이것을 돌에 새겨

---

50) 매지문 三-10행째 글자를 이병도는 '詢'자, 임창순은 '訟'자, 정구복은 '諸'자로 판독했으나 필자는 '詣'자로 판독했음.
51) 이병도 1-1), 14~15쪽 : 임창순 1-5), 60~61쪽 : 정구복 1-8), 251쪽 : 瀧川政次郎 1-2), 70~71쪽.

서 壙中에 함께 넣는 것이니 곧 무덤을 쓴 뒤라도 아무도 이 땅을 침범하지 못하며 또 유체의 안호를 신에게 부탁한다는 미신에서 나온 중국 사람들의 민속이다. 이는 매지권, 매산권, 買地劵 또는 冢卷이라고 부른다'52)고 하였고 일인학자 瀧川은 매지문을 '冥卷'이라고 규정하고 그 내용의 핵심이 되는 '토왕·토백·토부모·상하중관이천석'의 해석에 대해서 토왕을 토공이라고 하며 토중(지하)을 지배하는 신이라고 해석하는 한편 토백·토부모·상하중관이천석은 모두 토왕의 권족 종자라고 해석하고 있다. 그리고 부종율령에 대해서는 道士女官들이 呪言을 외울 때에 끝으로 '급급여율령'이라고 꼭 외우게 되는 내용과 같다고 해석하고 이 매지권은 '명권'이라고 부르고 싶다고 주장하고 이 사실을 근거로 해서 6세기 경 백제에 도교적인 명권을 묘지에 두는 중국적인 풍습이 전파되었다고 주장하고 있다.53) 이에 필자는 '매지권'의 사상적 근거로 제시하고 있는 도교에 대해서 살펴보기로 하겠다.

후한대 도교는 황제와 노자를 교조로 삼는 중국의 토착종교이다. 이는 후한시대 장도릉에 의해서 제창되기 시작했는데 그 사상적 배경은 도교의 불로장생설에 근거를 두고 유교의 세간도덕과 불교의 인과응보설을 교묘하게 결합하여 일반민중들에게 안심입명의 위안을 주는 데 그 목적이 있었다.54) 그러므로 도교의 정체는 한마디로 단정하기 어려우며 그 목적인 장수, 부귀, 행복 등을 구하기 위해 도덕적 생활을 신뢰하고 귀신에게 제사지내는

---

52) 임창순 1-5), 48쪽.
53) 瀧川政次郞 1-2), 69~73쪽.
54) 유인희, 1963, 「도교」, 『동아대백과사전』 9, 동아출판사, 253~254쪽.

종교, 즉 일종의 현세적·공리적 종교라고 할 수 있다. 다시 말해서 도교는 영적인 내세 종교가 아니라 육체적 생명의 '불로장생'과 현세적 삶의 '현세이익'55)을 추구하는 종교하고 할 수 있다. 그런데 도교에서 '太上老君'이라고 하는 칭호를 붙이기까지 해서 도교의 교조로 모시고 있는 노자가 저술한 『도덕경』56)에서는 도와 자연에 대해서 설명했을 뿐 구복장생에 대한 내용은 찾아볼 수 없어서 한대의 도교가 본색에 비해 많이 변질되었음을 알 수 있다. 그리고 위에서 인용한 왕명의 저서에서도 주술적 내용은 찾아볼 수 없다. 따라서 매지문의 내용이 도교의 영향을 받아서 이루어졌다고 하기보다는 오히려 중국 민간신앙의 영향을 받았다고 함이 올바른 표현이라고 생각한다. 그러면 이 토왕, 토백, 토부모 등의 민간신앙의 유래는 어디에 있는가 그 연원을 살펴보기로 하겠다.

토왕, 토백, 토부모의 '崇土' 사상은 오직 유교에서만 찾아볼 수 있는 중심사상이다. 위의 간지 설명에서 중앙토에 대해서 설명한 바와 같이 유교사상의 근간이 곧 중앙토라고 할 수 있다. 그 사상적 연원을 찾아보면 『주역』57)의 건곤 천지 부모 사상에서 그 뿌리를 찾아볼 수 있다. 사람이 삶을 영위하고 있는 이 땅이 얼마나 소중한 가 하는 것은 새삼 설명할 필요조차 없을 것이다. 그러므로 농경을 삶의 수단으로 하여 땅에 의존해서 살고 있던 고대 사람들은 제사를 통해 땅에 대한 고마움을 표현했다. 토지와 관련된 신을 '社'라 하고 곡식에 관련된 신을 '稷'이라 하여

---

55) 王明, 저5, 1984, 「老子與道教」, 『도교와 도교사상연구』, 중국과학출판사, 20쪽.
56) 노자, 『도덕경』, 「人法地, 地法天, 天法道, 道法自然」.
57) 『주역』 설괘전 제10장, 「乾, 天也, 故稱乎父, 坤 地也, 故稱乎母…」.

이를 '社稷'58)이라고 하는데 천자와 제후가 이에 제사를 지냈기 때문에 국가의 대명사로 쓰이기도 하며 국가에는 또한 나라를 세운 조상신을 제사하는 종묘가 있어서 이를 '종묘사직'이라고 한다.

종묘와 사직에 제사를 지내는 유래는 殷王 太甲부터 찾아볼 수 있다. 즉 왕위를 계승한 태갑이 伊尹이 간하는 바른 말을 듣지 않자 이윤은 다음과 같은 글을 써 올렸다.

「先王 顧諟天之明命 以承上下神祇 社稷宗廟 罔不祇肅…」59)

이것으로 殷 초기부터 이미 사직과 종묘에 제사를 지냈음을 알 수 있고, 또 周 召誥60)에는

「越翌日 戊午 乃社于新邑 牛一 羊一 豕一」

이라고 하여 太牢61)의 예를 한 바 있어 주대에도 행해져 내려왔다. 이와 같은 제례는 한대에도 左社右廟의 도성체제로까지 계승되어 근대까지도 내려오고 있음은 주지의 사실이다.

도지신을 위하는 이와 같은 제례가 무너지게 된 깃은 당시 후한말의 부락공동체의 붕괴에 따라 정치적 혼란과 함께 종래 신앙상의 중심이 되었던 토지신을 잃어버렸기 때문이라고 한다.62)

---

58) 『중문대사전』「사」부 1386쪽;『후한서』1975, 지 제례 하 경인문화사, 3207쪽.
59) 『서경』1967, 태갑 상, 현암사, 143쪽.
60) 『書經』, 1967, 召誥, 현암사, 319쪽(소고는 주의 성왕을 돕던 소공석이란 사람이 말한 것을 기록한 것임).
61) 우, 양, 시의 세 가지 희생을 갖춘 제수.
62) 이재권,「단학」브리태니커 한국어판 근간예정, 필자는 철학박사,

이래서 유교전통의 토지신에 대한 제례는 민간신앙으로 전락 전수되어 오늘날까지 전해내려오고 있다. 그 실례는 지금도 시향 때 제수를 차려놓고 토지신에게 제사를 지내고, 개토할 때에도 개토제를 지내는 풍습에서 찾아볼 수 있다.

이러한 토지신에 대한 선진사상이 후한대 이후 변질되어서 민간신앙으로 전해 내려오기도 하고 도교와 접목되기도 했다. 瀧川은 무녕왕릉 매지문에 '부종율령'이라고 한 대목을 고증[63]하고 있다. 이와 똑같은 내용을 玉樞經[64]에서 볼 수 있다.

「…天尊言 土皇九壘 其司千二百神, 土侯, 土公, 土母, 土子, 土孫, 土家眷屬, … 元亨利貞 急急如律令.」
淨天地解穢呪
「洞中玄虛… 道氣長存 急急如律令」
開經玄蘊呪
「天皇天皇 普化十方…」

위의 내용을 살펴보면 '元亨利貞'은 유교경전에서 '玄虛'사상은 도교에서 '보화시방'사상은 불교에서 따왔음을 알 수 있는데 지금도 무속에서 그대로 답습하여 독경하고 있다. 또 매지를 위해서 놓아둔 오수전도 정토신앙의 오래된 전통으로 불가에서 사자를 극락세계로 왕생시키는 齋儀로서 錢類를 사자가 지참하도록 하는 의식이 있었다고 한다.[65] 따라서 임창순[66]이 유가에서는 '不經之典' 곧 경전으로 다루지 않고 있는 매지문의 사상적 배경

충대 강사, 동양철학 전공.
63) 瀧川政太郎 1-2), 70쪽.
64) 『옥추경』은 당대 도사 杜光廷의 작품으로 알려져 있다. 자료는 정문연, 정구복이 제공하였다. 大谷光男 1-4), 154쪽.
65) 사재동 1-6), 47쪽.
66) 임창순 1-5), 48쪽.

을 도교에서 유래했다고 내세우는 이유가 무엇인지 알 수 없다. 후한말의 도교가 유불선 삼도를 합친 종교라고 한다면 그 창시자인 장도릉은 공자나 노자, 석가보다도 위대한 성인이라야 할 것인데 과연 그럴만한 학덕을 갖춘 인물인지 모르겠다. 이런 점으로 미루어볼 때 토지신에 대한 민간신앙을 너무 과대해석하는 것이 아닌지 의아심이 간다. 지석의 '부종율령'이 도사들이 외우는 '급급여율령'과 동일한 의미를 가지고 있는 것인지 대해서도 내용이 같지 않으니 의심스러운 점이 있다. 그렇다고 해서 후한대 張道陵의 도교사상과 그 유입을 부정하는 것이 아님을 천명한다. 다만 그 뿌리는 유교사상에도 두고 있음을 밝히는 바이다.

4. 지석 성격에 대한 고찰

이상에서 제시한 자료 검토를 통해서 정리를 해보려고 한다.

첫째, 무녕왕은 逆徒 苩加에 대한 단호한 응징조치를 통해서 국가를 튼튼하게 했으며, 고구려의 부단한 남침을 저지하는데 성공하여 다시 강국을 만들었다는 평을 받았다.

중국 양과의 외교관계에서는 '事大'와 '事小'의 쌍무협정격인 우호관계를 유지해서 남조의 선진문화를 수용하는 한편 고구려의 대북위 접촉에 상응하는 정치적인 효과도 얻는 외교적 성과를 거두었다. 이와 같은 對梁 관계에서 '영동대장군'의 직함을 수수한 것은 오히려 당연한 일로 판단되어 자주성 문제에 누가 되지 않는다고 믿어진다. 한편 신라에 대해서는 향도의 역할을 다하였고 왜에게는 문물을 전수해주는 여유 있는 모습을 보였으며 내치에 있어서도 민생안정에 주력해서 성공을 거두었음을 볼 때

'무녕'의 시호에 알맞은 선정을 베풀었다고 평할 수 있다.

둘째, 왕의 출자문제에 대해서는 정사인 삼국사기의 기록을 그대로 수용하자고 하는 주장과 백제인에 의해서 편찬되었다고 전해지는 백제신찬의 기록을 인용한 일본서기의 기록을 수용해야 한다고 하는 주장으로 맞서 있는데 양자간의 시비를 가릴 만한 새로운 자료가 나오지 않는 한 현단계로서는 속단을 하지 않는 것이 온당한 태도라고 믿어진다.

셋째, 왕과 왕비의 상사에 똑같이 27개월간의 3년복상을 하였는데 이 3년복상은 고대부터 내려오는 동양의 유교 전통문화라고 할 수 있다. 우리나라에서도 부여, 고구려가 다같이 중국과 비슷하게 복상을 했는데 백제는 3년복상을 하였다고 명시하고 있어서 중국과 똑같은 복상제를 채택했을 뿐만 아니라 지석에서 제시한 자료와도 일치하고 있음에 더욱 경탄할 수밖에 없다.

삼년상에는 27개월간을 주장하는 후한 정현의 주장과 25개월을 주장하는 魏 왕숙의 양설이 대립되어 내려왔는데 백제는 후한의 정현설을 채택하고 있었음을 알 수 있다. 매지권의 유입도 후한대 풍습이었던 것으로 보여져 백제는 후한대 문화를 많이 수용하고 있음을 엿볼 수 있다.67) 『주서』 이역전, 백제조68)에서는 문학, 음양, 오행, 역본, 의약, 卜筮, 占相에 이르기까지 해독하고 있다고 전하고 있어 백제의 학문적 수준이 상당히 높았음을 알 수 있다.

넷째, 왕과 왕비의 지석문에는 왕의 경우 그 죽음에 대해서

---

67) 유남상, 1982, 「백제사상의 연구」, 『백제연구』 특집호, 충남대학교 백제연구소, 102쪽.
68) 『주서』, 이역전 백제, 경인문화사, 1975, 886쪽.

‘붕’자를 쓴 반면에 왕비는 ‘수종’이라고 하였고, 왕비의 경우에는 직함 없이 사망년월만 썼다. 그리고 왕의 지석에는 7행 53자를 쓴 반면에 왕비는 14행을 그려놓고도 3행반에 걸쳐서 41자만 기입하고 있으며 글씨의 크기도 상대가 안된다. 또한 치석에 있어서도 왕의 것에 비해서 왕비의 것은 조잡하게 다듬어져 있다. 이것은 아마도 남존여비사상에서 빚어진 차별인 것으로 판단된다. 유교 본래의 뜻은 이것이 아니었음은 본문에서 밝힌 바 있지만 이 지석이 유교사상을 배경으로 해서 제작되었음을 간접적으로 시사해주는 자료로 풀이할 수 있다.

다섯째, 왕과 왕비의 지석문이 매지권을 작성하기 위한 수단으로 만들어졌다고 보는 견해에 대해 살펴보았다. 그러나 본문에서 밝힌 바와 같이 왕과 왕비의 지석문은 소략하지만 名字, 建功立事, 年壽, 葬卒, 殯葬 등 나름대로 격식이 갖추어지고 있어서 지석으로 보는 데 대과는 없을 것으로 판단된다. 더욱이 ‘立志如左’라고 하는 ‘志’자가 지석임을 간접적으로 입증해주고 있다. 이 지석이 도교사상에 근거를 두고 제작하였다고 하면 백제는 도교사상이 지배하는 사회였다고 볼 수밖에 없는데 위에서 제시한 『주서』에서는 백제는 도사가 없다고 하였으므로69) 도교사상에 근거를 두고 만들어졌다고는 볼 수 없다. 도교사상 또는 유교사상에 근거를 두고 제작되었느냐 하는 문제는 그 해석과 영향에서 엄청난 차이가 있다. 뒤에 설명할 간지로 표시된 위치도와 매지문의 내용도 유교사상에 뿌리를 두고 있음은 더욱 이를 뒷받침해주고 있다.

---

69) 『주서』 이역전 백제 조, 「僧尼寺塔甚多而無道士」, 경인문화사, 1975, 886쪽.

여섯째, 왕의 지석 이면에 새겨진 간지는 중국 고대부터 사용되어 내려왔음을 설명하였다. 간지의 근본사상은 유교의 원리인 음양오행사상이 근간이 되고 있음도 설명하였다. 특히 천간의 근간이 되는 '戊己'만을 아래 양쪽 구석에 배열한 것이 역수사상에서 나왔음도 밝혀져 백제의 유교사상의 심도를 알아볼 수 있는 자료가 되었다. 이 '무기'는 '十五乾坤'의 위치와 같으며 '무기'에 상대할 수 있는 윗쪽 일면을 비워두었는데 이것은 건위에 해당하는 왕과 곤위에 해당하는 왕비가 실재해있으므로 아무런 기록도 하지 않는 것으로 판단된다. 더욱이 건곤은 천지의 성정에 해당하기 때문에 형이상학적 존재이지 실재 존재가 아니기 때문에 기록할 수 없는 것이 당연한 철학적 해석이라고 할 수 있다. 가운데 뚫린 구멍은 '무기'의 위치를 표시하는 오황극사상 즉 '십오존공'의 지점이기 때문에 뚫어서 구멍을 낸 채 보존한 것으로 판단하였다. 바로 그 자리는 왕과 왕비를 모신 위치의 표시라고도 할 수 있다. 나머지 삼변에 기록되어 있는 천간지지는 동남북 삼방을 표시하는 간지인 바 서쪽에 해당되는 '申庚酉辛戌' 간지만 제외한 것으로 보아 백제 서울인 웅진을 중심으로 해서 작성한 방위도 또는 왕릉의 능역도인 것으로 이미 풀이된 바 있어 이에 동의하는 한편 필자는 왕릉의 위치도라고 풀이했다. 따라서 일면의 간지를 비워둔 뜻은 신지에 해당하는 서쪽의 의미가 있는 동시에 '무기'에 상대되는 '건위'와 '곤위'인 왕과 왕비가 실재해 있어서 존경의 의미와 아울러 기록할 필요가 없는 데서 공간으로 남겨둔 것이 아닌가 풀이해본다. 따라서 이것도 역시 유교의 오해사상에 근거를 두고 제작된 것이다.

일곱째, 왕과 왕비의 매장 문제이다. 왕과 왕비는 삼년 동안 거상한 다음 입관해서 현재 위치에 매장하고 있다. 매장법은 유가의 전통장례이다. 『효경』70)의 '身體髮膚, 受之父母, 不敢毀傷, 孝之始也'라고 하는 효사상에 근거해서 유가에서는 매장을 원칙으로 하고 있다. 불로장생을 이상으로 하고 있는 도가에서는 죽음이 있을 수 없으므로 무덤을 만들 필요조차 없을 것이며 불가에서는 다비(화장)를 원칙으로 하고 있어서 무덤 또한 필요가 없는 것이다. 그 대표적인 예로는 신라 문무대왕71)의 예를 들 수 있고 또 탑이나 부도의 실재에서 불가의 장례법을 엿볼 수 있다.

여덟째, 매지문의 주신격인 토왕, 토백, 토부모의 사상적 근거는 도가의 경전에서 찾아볼 수 없고, 오히려 유교의 토지신의 사직에서 연원을 찾아볼 수 있다. 따라서 사직의 토지신을 숭배하는 사상이 후한대에 이르러 민간신앙으로 바뀌어가는 과정에서 도교의 장점을 수용하여 신앙화 했던 것으로 보이며, 지금은 그 명맥이 무속신앙으로 전하고 있다. 도교의 연원을 후한말 장도릉의 도교사상에서 찾아볼 수 있을진대 백제사상의 뿌리를 이곳에서만 찾아볼 수는 없다. 백제에는 도사가 없었다고 하는 기록도 있거니와 민간신앙에 불과한 후한대 도교사상에 그 뿌리를 찾을 수는 없으며, 오히려 도교사상 자체도 그 뿌리를 선진 유가사상이나 도가사상에 두고 있을진대 마땅히 그 연원은 선진사상에서 찾아보아야 할 것이다. 위에서 인용한 바 있는『효경』에서 '立身行道, 揚名於後世, 以顯父母, 孝之終也'라고 하였는데 지석에 부모의 이름을 새겨서 1,400여 년이 지난 오늘날에도 부모의 이름을 세상에 알려지도록 하는 지석의 제작도 그 방법은 다를지언

---

70) 김익수 역주, 1979,『효경대의』, 수덕문화사, 102~103쪽.
71) 강인구, 1977,『백제고분연구』, 일지사, 105~106쪽.

정 부모를 위하는 효심에는 다름이 없음을 알 수 있다. 무녕왕릉의 능묘조성과 장식 및 부장품에서는 불교적인 요소가 많이 담겨져 있었음은 사재동의 논문72)에서 이미 밝힌 바가 있는데 이것도 역시 효사상의 발로에서 온 결과라고 풀이할 수 있다.

부수적으로 병기해둘 것은 왕의 지석 七-1행에 쓰인 글자의 판독문제이다. 나는 이를 '穴'자나 '冢'자로 판독하여 앞의 문장 및 뒤에 있는 위치도와 관련시켜서 판독해보았다. 그리고 매지문 三-10행 역시 판독하기 어려운 글자가 있다. 필자는 이것을 '詣'자로 판독했는데 문리로 보아서는 가장 알맞은 글자로 생각된다. 이것 역시 바른 판독이 있기를 기대한다. 나머지 고찰은 결론으로 미룬다.

5. 결

무녕왕대는 백제 웅진시대의 정치사상 가장 안정기에 접어든 태평성대였다고 하여도 과언이 아닐 것이다. 동성왕이 다진 국기를 더욱 공고하게 만드는 데 성공했을 뿐만 아니라 내외치의 성공은 당시 국제사회에서 강국으로 인정받을 만한 위치까지 올려놓는 데 성공하였다. 무녕왕대의 정치적 안정과 문화의 만개는 성왕대에도 계승되어 무녕왕대처럼 일본에 문화를 전수시켜주어 日本 飛鳥文化를 이룩하는 데 이바지하였고, 그 여세는 위덕왕과 무왕으로 계승되어 백제문화의 전성기를 이룩하는 데 발판이 되었음을 다시 강조해둔다.

이 글에서 주제로 다룬 무녕왕과 왕비의 지석을 통해서 얻어진 자료를 통해 지석을 만든 순서를 알 수 있었으니 ① 왕의 지

---

72) 사재동 1-6), 44~48쪽.

석을 만든 다음, ② 그 이면에 왕묘의 위치를 표시하는 위치도를 만들었고, ③ 陵墓 작성에 필요한 토지를 토지신에게서 매입한 매지권을 작성했으며, ④ 끝으로 왕비의 지석문을 작성했다고 판단된다. 그리고 문헌에서만 삼년복상을 하였다고 하는 자료가 왕과 왕비를 위해서 27개월간 복상을 했다는 사실과 일치하는데 감탄을 금할 수 없는데 이것은 후한 정현의 예설을 백제가 수용했음을 입증한 것이다. 왕과 왕비에 대한 기록은 지석으로서의 격에 완벽하게 맞지 않지만 간략하나마 그 격을 갖추고 있음을 알 수 있고 간지 가운데 '무기'의 위치와 중앙의 구멍은 능묘의 위치를 표시하고 서울인 웅진에서 신방 즉 서쪽을 표시한 위치도로 파악했다. 매지문에서 나오는 토왕, 토백, 토부모 등의 사상은 유교의 천지부모와 중앙숭토사상이 민간신앙화한 것을 후한대 도교에서 수용하여 백제가 이것을 받아들인 것으로 보았다. 이와 같은 검토 자료를 가지고 종합해볼때 왕과 왕비의 지석에 담겨져 있는 것은 유교의 효사상과 易學思想 등이 주류로 흐르고 있으며 유교전통사상이 변형된 민간신앙도 수용되었음을 엿볼 수 있다. 무녕왕이 그의 부친 동성왕을 위해서 백가를 처단한 일 그리고 성왕이 그의 부친 무녕왕을 위해서 삼년복상에 훌륭한 능묘를 조성한 충심은 의자왕대까지도 계승되어 그가 해동증자였다고 하는 평까지 듣게 되었다. 이와 같은 백제의 유학사상은 5세기 초부터 일본에 그 사상과 학문을 전수해주었던 것이다.

  끝으로 왕의 지석 일곱 번째 줄에 새겨진 미상의 글자는 '穴'자 또는 '冢'자로 판독했고, 매지문 가운데 '訟', '詢', '諸'자로 판독했던 글자를 필자는 '諧'자로 판독해보았다. 諸賢의 叱正을 바라마지 않는다.

02

武寧王陵 誌石의 형태와 내용*

1. 명칭
2. 誌石의 작성과 놓여 있던 상태
3. 지석의 형태
4. 지석문의 내용 해석
5. 지석의 성격

1. 명칭

武寧王의 誌石은 발굴보고서에서는 「誌石」, 「陵券」이라고 부르면서 지석의 내용이 소략함으로 그 이름을 「買地券」이라고 해야 한다는 견해가 표명되었다. 즉 買地券이 主文이고 誌石文은 買地券의 서문격이라고 하였다.[1] 그러나 이후 학자들은 모두 이를 총체적으로 買地券이라고 칭함이 부당하고 왕의 지석, 왕비의 지석, 매지권 등으로 칭해야 한다는 견해와 지석문이 매지권의 부수적인 前文이 아니라는 견해를 밝혔을 뿐만 아니라 이들을 통틀어 칭할 때에는 지석으로 부름이 합당하다는 견해도 제기된 바 있다.[2]

---

* 정구복(한국정신문화연구원 교수) 공동집필.
1) 임창순, 1973, 「매진권에 대한 고찰」, 『무녕왕릉』, 51쪽.
2) 이병도, 1972, 「백제무녕왕릉출토 지석에 대하여」, 『학술논문대집』 11, 인문사회과학편, 대한민국학술원 : 1973, 『한국고대 문화와 사회』,

이런 명칭의 이해를 돕기 위하여 당시 중국에서의 지석에 대한 용어를 소개할 필요가 있다. 지석은 묘 속에 장례의 주체인 시신이 누구라는 것을 밝히기 위하여 돌에 글로 새겨둔 것으로 이는 묘 위에 세우는 묘비와 내용이 크게 다를 바 없다. 그런데 지석에는 산문체로 서술한 글을 誌文 또는 誌라고 하고 韻文體로 칭송한 시를 銘이라 한다. 후일 지석이 정형화되었을 때에는 지문과 명이 모두 갖추어지는 것이 통례이며 두 가지를 갖추었을 때에 지문을 명의 서문으로 표기한 사례를 흔히 볼 수 있다. 이는 묘비의 경우도 마찬가지였다.

그런데 초기의 지석에는 지문만 있고 명을 쓰지 않는 것도 있고, 명만 쓰고 지문을 쓰지 않은 것도 있었다. 중국 지석의 역사를 네 시기로 구분할 수 있는데, 제3기인 魏晉시대(265~316)에는 산문체의 지문으로 된 지석이 출현하였고, 산문체의 지문과 운문체의 명이 함께 쓰여지고 2매의 정방형의 판석으로 된 전형적인 지석이 출현한 것은 劉宋시대(420~479) 이후로 이해되고 있다.[3]

지석은 墓誌, 또는 묘지명이라고도 칭했지만,[4] 武寧王의 지석문은 산문체의 지문만이 쓰여 있음으로 墓誌銘이라고는 칭할 수 없어도 이를 묘지라고 칭할 수 있다고 하겠다. 따라서 지문만을 지칭할 때는 묘지라고 칭하겠으며 매지권 등을 합쳐 총칭할 경우에는 지석이라는 용어를 사용하겠다.

재수록.
[3] 장철수, 1989,「지석의 발생에 대한 일고찰」,『이두현교수 정년퇴임기념논문집』참조.
[4] 장철수, 1989,「지석의 명칭과 종류에 대한 일고찰」,『김택규 박사 회갑기념문화인류학논총』, 351쪽.

왕의 묘지와 왕비의 묘지는 그 내용이 비록 소략하지만 그렇다고 하여 이를 지석으로 볼 수 없다는 견해에는 찬동할 수 없다. 왕과 왕비의 묘지에 대하여는 뒤에서 상세히 소개하겠지만 매장자의 직위, 이름, 사망년월일, 장례년월일, 묘지의 위치 등을 적고 있어 묘지의 핵심적인 내용을 기록하고 있기 때문이다.

干支로 표시된 圖는 발굴보고서인 「武寧王陵」에서는 '方位表'라고 칭하였으며 이를 '陵域圖', '位置圖'라고 칭한 설이 있는 바5) 단순한 방위표를 지석에 새길 이유가 없을 뿐만 아니라 후술하는 바와 같이 실제로 이것이 놓인 방위와 그것에 새겨진 방위가 일치되어 있지 않기 때문에 '方位表'로 칭하는 것은 잘못이라고 생각한다. 비록 묘의 범위가 구체적으로 표시되어 있지는 않지만 이는 분명 묘의 위치와 매지권에서 산 땅의 묘역을 기록해두려는 의도가 있었다고 생각한다.

그러나 왕과 왕비의 묘지 그리고 매지권에서 「大墓」, 「묘를 만들었다」(爲墓)라는 등의 표현이 나오고 있을뿐 陵이라는 표현은 보이지 않고 있으며 왕과 왕비의 지석문을 묘지라고 부르기로 하였으므로 陵域圖라는 표현보다는 墓域圖라고 칭함이 옳을 듯하다.6) 그러나 墓域圖라고 단정할 수 없으므로 우선 干支圖로 지칭하겠다.

매지권은 여러 연구자들이 공통되게 사용하여 온 칭호이다. 단지 이를 귀신(지신)들로부터 형식적으로 사들인 것이라 하여

---

5) 이병도의 앞 논문에서는 '능역도'라고 칭했으며 성주탁의 앞 논문에서는 '위치도'로 칭했으나 간지도로 개칭하기로 한다.
6) '묘'자는 원래 봉분이 없는 것을 칭했고, 광개토대왕비문에서도 왕릉을 묘라 하여 '수묘인'이란 기록이 보인다. 그러므로 고대에서 묘는 능에 비해 작은 무덤이라는 비칭이 아니었음을 알 수 있다.

'冥券'이라고 칭한 연구자도 있으나7) 그 문기 내에 땅을 산 문서라는 말이 나오므로 이는 買地券이라고 칭함이 타당하다고 생각한다.

2. 誌石의 작성과 놓여 있던 상태

武寧王이 523년에 죽자 삼년상을 치르기 위하여 2년 3개월간을 가매장하였다가 왕릉을 축조하여 정식으로 모실 때에 왕의 墓誌와 干支圖, 買地券을 만들었다.8) 그후 526년에 왕비가 죽자 삼년상을 치른 후에 이곳에 모실 때에 매지권을 상하로 뒤집어 뒷편에 왕비의 묘지를 새겼다.

왕의 묘지는 왕릉의 羨道 입구의 동쪽 벽편에 놓여 있었는데 그 방향은 발굴보고서에서는 전혀 언급하지 않았으나 실측도와 유물의 사진도판을 믿을 수 있다면 이를 통하여9) 왕의 시신 머리쪽(현실 안쪽)에서 읽을 수 있도록 놓여졌음이 확인된다. 그리고 출토시의 왕비의 묘지도 왕릉의 입구 쪽에서 읽을 수 있도록 놓이지 않고 시신 쪽에서 읽을 수 있도록 놓였다. 그러므로 간지도의 비워둔 서방의 자리는 陵의 입구쪽을 향하여 뒤집혀 놓여 있었다. 따라서 왕릉의 입구는 남향이므로 실제의 방위와 간지도에 새겨진 방위와는 일치하지 않는다.10)

발굴보고서에서 매지권은 왕비의 장례 전에는 현실 쪽(시신

---

7) 瀧川政次郞, 1972,「百濟武寧王妃墓陰の冥券」,『古代文化』, 24~25쪽.
8) 뒤의 간지도 내용 해석에서 상술함.
9) 앞의『무녕왕릉』도판 27, 97 참조.
10) 성주탁 앞의 논문에서는 간지도의 서방이 북방을 향한 것으로 보았는데 이를 정정한다(앞의 논문, 112쪽).

쪽)에서 읽을 수 있도록 글씨가 위로 보이게 羨道의 서쪽 벽에 놓였을 것으로 추정하였으나,11) 왕의 장례가 시행된 당시에는 원래 왕의 묘지 위에 포개어놓았을 가능성도 배제할 수 없다. 3~4세기의 魏晉시대에는 이미 지석을 두 장으로 만들고 있다. 그 중 하나는 덮개용의 蓋石이고, 나머지 하나는 묘지를 새긴 底石인데 이를 포개어놓는 것이 일반적인 관례였고12) 우리나라도 지금까지 지석이 개석과 묘지 두 장으로 만들어진 경우 이를 포개어놓았다.13)

뿐만 아니라 합장 이전에는 왕의 시신 한 분을 모셨는데 지석의 두 장을 나누어 놓았다기보다는 포개어놓았다고 보는 것이 타당하지 않을까 한다. 이러한 추론이 타당하다면 중앙의 뚫은 구멍을 맞추어 놓았을 것이다.

사진 1-2-1
무녕왕의 지석

---

11) 앞의 책,『무녕왕릉』, 13쪽.
12) 장철수, 앞의 논문,「지석의 발생에 대한 일고찰」, 97쪽.
13) 11세기의 정항의 지석이 두 장으로 되어 있고, 1484년의 조위의 지석이 두 장 포개어 있다.『한국의 상장례』, 1990, 국립민속박물관, 49 No.67 사진 참조.

그런데 매지권의 글씨가 표면에 보이도록 놓여졌던 것인지 아니면 엎어놓았던 것인지는 확인할 수 없다. 그러나 이를 개석으로 생각하여 왕의 묘지 위에 놓아졌다고 하더라도 아마 매지권의 글씨가 위로 오도록 놓았던 것이 아닐까 한다. 이는 중국의 지석에서 표제를 적은 개석문과는 달리 상당히 긴 내용이 적혀있기 때문이다. 후일 왕비를 왕의 묘에 합장할 때 매지권을 내려서 상하로 뒤집어 왕비의 묘지를 새기고 왕비의 시신 앞 즉 왕의 묘지 서편에 놓았다. 그런데 왜 방향을 상하로 뒤집어 새겼는지는 알 수 없다.14)

어떻든 이를 좌우로 뒤집어 새기지 않고 상하로 뒤집어 새겼으므로 왕의 묘지와 왕비의 묘지 표면의 구멍이 일직선상에 있지 않고 엇갈려 있다. 그리고 왕의 장사시에 왕의 지석 즉 매지권 윗면에 올려놓았던 五銖錢 한 꾸러미(약 100개)는 왕비의 장

사진 1-2-2 무녕왕의 지석 앞면(좌)과 뒷면(우) 干支圖의 탁본

---

14) 임창순은 앞 논문에서 왕비 묘지의 마지막 구절 '입지여좌'에 맞추기 위해서라고 설명하나 이를 찬동할 수 없다.

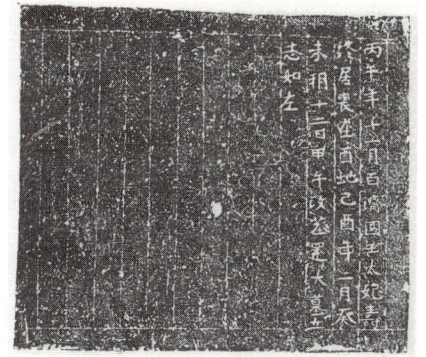 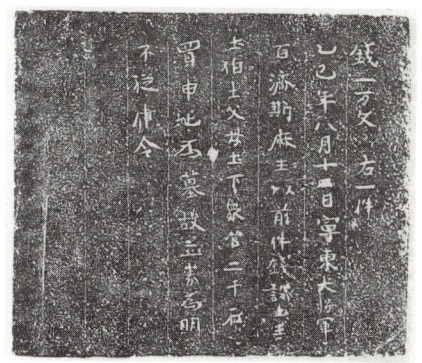

사진 1-2-3 무녕왕비의 지석(좌)과 뒷면의 매지권문(우) 탁본

사를 치를 때에 왕의 묘지 서편자리인 즉 발굴당시의 왕비의 묘지 위에 옮겨져 놓아둔 것으로 이해된다.

3. 지석의 형태

왕의 묘지와 매지권(왕비의 묘지)은 가로 41.5cm, 세로 35cm의 장방형의 청회색 閃綠岩에 새겼다. 단지 두께가 왕의 묘지가 5cm인데 비하여 매지권은 0.3cm 정도 얇다. 왕의 묘지는 세로로 일곱 줄을 陰刻으로 그어 7칸을 만들고 글씨를 새겼는데 글자 크기는 일정하지 않으나 한 글자의 직경은 2~2.5cm이다. 한 줄에 일곱 글자 또는 아홉 글자를 새기어 글자의 자간을 일정하게 맞추어 쓰지는 않았다.

【王의 墓誌】
寧東大將軍百濟斯
麻王年六十二歲癸
卯年五月丙戌朔七

日壬辰崩到乙巳年八月
癸酉朔十二日甲申安厝
登冠大墓立志如左
?

　간지도는 사방의 변으로부터 2.5cm를 들여서 직선을 음각하고 그 선 위에 방향을 가리키는 십간·십이지를 세 변에 안쪽을 향하여 새기고 서쪽을 가리키는 부분에는 간지(신·묘·술·해)를 쓰지 않고 비워두었으며 이 부분은 왕릉의 입구를 향해 놓여 있으므로 실제 방위에서의 남쪽에 간지도의 서방부분이 놓여 있다. 그리고 간지도에 방위의 간지를 쓰지 않은 변으로부터 15cm 아래, 남과 북의 간지가 쓰인 변으로부터 20cm 부분에 지름 1.1cm의 구멍을 뚫었다. 구멍은 완전히 관통하고 있으나 왕의 묘지의 구멍은 간지도 쪽에서 뚫고 묘지를 새긴 쪽에서 다듬은 것 같다.
　매지권(뒷면은 왕비의 묘지)을 새긴 지석은 왕의 묘지석과 같은 크기의 돌에 새기었는데 매지권은 8개의 세로 줄을 그었으나 갓줄을 긋지 않았으므로 7칸을 만들고 아래와 위에는 가로줄을 긋지 않았다. 칸 밖에 제목을 쓰고 5칸 본문을 새기었는바, 한 줄을 가득 채운 것중에는 10자, 12자, 13자의 글자를 써넣어 글씨의 자간을 맞추어 쓰지 않았다. 좌우의 중앙인 넷째 줄에 왕의 간지도의 구멍과 일치하는 상단 부분에 구멍을 관통하여 뚫었다. 매지권의 가운데 구멍도 매지권 쪽에서 뚫은 것이다. 구멍은 아래 위쪽의 구멍 크기가 같다고 하여도 이를 뚫은 의도는 묘지와 관련된다기보다는 오히려 간지도와 매지권과 관련된 것이 아닌가 한다. 이 구멍이 갖는 상징적인 의미는 앞으로의 연구가 있어야 할 것이다.

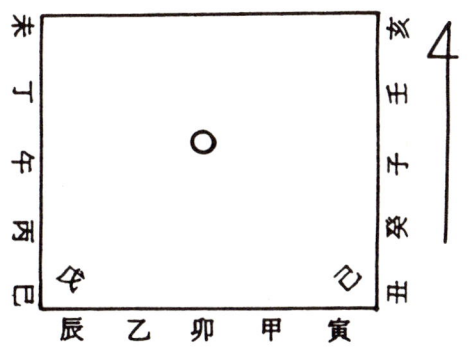

간지도

【買地券】
錢一萬文 右一件
乙巳年八月十二日寧東大將軍
百濟斯麻王以前件錢詣土王
土伯土父母上下衆官二千石
買申地爲墓故立券爲明
不從律令

    매지권의 뒷면에는 세루로 14줄을 긋어 13칸을 만들었으나 묘지는 네 칸에만 채워져 있다. 왕비의 묘지는 왕비의 시신을 대묘에 모신 성왕 7년(癸未年 529)경에 왕의 매지권에 추가하여 새겼다고 이해된다. 글씨가 왕의 묘지에 비하여 작게 쓰였고 가득 채운 줄의 한 줄에 12자 내지 13자가 새겨져 있다(字徑 1~1.5cm). 그러므로 이 지석에서도 글자의 자간을 맞추지 않았다.

【王妃의 墓誌】
丙午年十一月百濟國王太妃壽
終居喪在酉地己酉年二月癸
未朔十二日甲午改葬還大墓立
志如左

4. 지석문의 내용 해석

1) 왕의 묘지 해석

(1) 「寧東大將軍 百濟斯麻王」

이것은 왕의 묘지에 쓰인 첫번째 구절로 이 무덤의 주인공을 알려주는 귀중한 자료이다. 이 지석으로 인하여 武寧王陵은 삼국시대의 왕릉 중 주인공을 알게된 유일한 예가 된 것이다. 그리고 삼국시대의 왕릉 중 지석을 만들어 넣은 것은 백제인들이 한문학에 대한 깊은 지식을 가지고 있었음을 실증적으로 보여주는 것이며, 나아가 실제 생활에 한문을 이처럼 실용적으로 사용하였음을 보여주는 것이다.

寧東大將軍은 武寧王 21년(梁 普通元年, 501) 梁에 사신을 보냈을 때 梁武帝로부터 받은 직위 「使持節都督百濟軍事寧東大將軍」의 약칭이다. 대장군은 양나라의 제2품직 벼슬이었다.[15] 양나라로부터 책봉을 받은 관직은 앞에서 말한 영동대장군에 '百濟王'이라는 직함이 덧붙여져 있었다. 그러므로 '寧東大將軍百濟斯

---

15) 양나라의 역사서인 『梁書』에는 관직을 서술한 지가 쓰이지 않았으므로 이를 이전 왕조였던 유송의 역사를 기록한 『宋書』에서 찾으면 대장군은 제2품직이었다. 『宋書』 권40 백관 하 참조.

麻王'은 책봉된 직함을 그대로 쓴 것이 아니라 이를 중심으로 당시의 칭호였던 자신의 이름인 '斯麻'를 덧붙여 쓴 것이다. 중국으로부터 冊封을 받은 관직을 지석에까지 쓴 것은 사대주의사상에서 나온 것이 아니냐고 할지 모르겠으나 그때 관념으로서는 국가간에 대등하여야 한다는 독자적 관념이 오늘날과 달랐음을 보여주는 것이다.16) 이 문제는 이것만으로 해석할 것이 아니라 지석문에 나오는 전체적인 내용과 함께 곁들여 해석해야 할 것이다. 오히려 이는 당시 동아시아의 국제적 관행을 잘 보여주는 것이다.

斯麻王이란 것은 『三國史記』에는 이름이 '斯摩' 또는 '隆'이라 쓰고 있다. 隆은 중국 史書에 보이므로 漢式의 이름이며,17) 斯麻는 왕 생존시에 백성까지도 불렀던 칭호이었으므로 묘지에서도 거리낌없이 사마왕이라고 쓴 것으로 풀이하고 있다.18) 지석에 왕호인 '武寧'을 사용하지 않고 이름인 斯麻를 쓴 것은 당시에 왕의 이름을 避諱하지 않고 그대로 불렸던 관습을 반영한 것이며 묘지가 장례를 치른 다음 대의 聖王의 입장에서 쓰인 것이 아니라 죽은 당사자인 무령왕의 입장에서 쓰인 것이라 할 수 있다.19)

斯麻王의 出自에 대해서는 두 가지 학설이 있다. 첫째는 『三國史記』 百濟本紀에 武寧王은 東城王의 둘째 아들이라고 하는 자료에 근거를 두고, 결정적인 다른 자료가 나오지 않는 한 그

---

16) 이병도, 앞의 논문 참조.
17) 이병도는 앞의 글에서 융은 의자왕의 큰아들 이름과 같다고 지적하고 있다. (이병도, 앞의 글, 554쪽 참조).
18) 정구복 앞의 글.
19) 위와 같음.

결론은 쉽게 부정할 수 없다고 하는 주장[20]과 『日本書紀』雄略天皇조와 武烈天皇 조에 武寧王이 일본 筑紫嶋에서 출생해서 斯麻王 (斯麻를 日式 발음으로는 '시마'라고 하는데 이것은 섬(嶋)의 日式 발언도 '시마'라고 하여 斯麻王이라고 하는 이름은 섬에서 출생했기 때문에 붙여진 이름이라고 주장한다) 이라고 이름 붙이게 되었다 한다. 이에 의거하여 그의 계보는 동성왕의 異腹兄弟라고 주장하는 의견도 있다.[21]

(2) 「年六十二歲」

이것은 왕이 죽은 해의 年齡을 보여주는 구절이다. 『三國史記』 百濟本紀에는 왕의 年齡이 기록되지 않았다. 왕의 壽가 62세임을 밝힌 것은 사기의 결함을 보충할 수 있는 자료로서 卽位時의 왕의 나이가 40세였음과 다음에 설명하는 죽은 연대에서 나이를 빼면 462년 蓋鹵王 8년에 출생하였음을 알 수 있다.

(3) 「癸卯年五月丙戌朔七日壬辰崩」

이것은 왕이 62세 되던 癸卯年(523) 5월의 초하루 日辰이 丙戌이고 七日 壬辰에 崩하였다는 기록이다. 癸卯年은 百濟 武寧王 23년(高句麗 安臧王 5, 新羅 法興王 10, 中國 梁武帝 普通 5, 523)에 해당된다. 五月朔日 丙戌과 七日 壬辰은 「元嘉曆」에 의거한 것임이 이미 밝혀졌다.[22] 『周書』 百濟傳과 『隋書』 百濟傳에 의

---

20) 이기백, 1959, 「백제왕위계승고」, 『역사학보』 11, 11~18쪽.
21) 이도학, 1984, 「한성말 웅진시대 백제왕계의 검토」, 『한국사연구』 54집 참조.
22) 大谷光男, 1973, 「백제 무녕왕·동왕비의 묘지에 보이는 역법에 대하여」, 『고고미술』 119, 한국미술사학회, 2~7쪽 ; 李殷晟, 1984, 「무녕왕릉의 지석과 元嘉역법」, 『동방학지』 43, 연세대학교 한국연구

하면 百濟는 宋의 元嘉曆을 사용하여 寅月(음력 正月)로서 歲首를 삼았다고 기록되어 있다. 宋의 元嘉曆은 宋(劉宋) 文帝 元嘉 20년(443)에 御史中丞인 何承元이 만들어 510년까지 65년간 사용된 曆法으로서 그것이 일찍부터 백제에 전래되어서 일반적으로 사용되었고 또한 백제를 통하여 일본에까지 전해져 사용된 것이다.23)

무녕왕의 죽음을 천자나 황제만이 사용할 수 있는 崩자를 사용하고 있다. 사람의 죽음을 표시하는 글자로는 死, 卒, 終, 薨, 崩 등이 있는데 士庶人의 죽음에는 '死', '卒', '終' 등의 글자를 사용하는 것이 통례로 되어 있고, 諸侯의 죽음에는 '薨' 天子와 王后의 죽음에는 '崩'자를 사용하는 관례로 되어 있다.24) 그런데 武寧王의 墓誌에는 황제가 죽었을 때 사용하는 가장 격이 높은 붕자를 사용하고 있어 백제의 주체성을 알아볼 수 있고 이를 통하여 당시의 백제가 중국의 구속을 전혀 받지 않았음을 확인할 수 있다. 따라서 이는 위에서 언급한 바 있는 梁武帝로부터 받은 '寧東大將軍'의 직함을 쓴 것이 事大的인 의식의 표출이 아닌 확실한 증거라 할 수 있다. 그렇다고 하면 斯麻王이라고 '王'자를 사용했으니 天子보다 격이 낮은 諸侯의 지위와 같지 않느냐고 하는 의아심도 있을 수 있으나, 군주에 대한 고전적 최고 칭호는 본시 '王'이었으므로 하등 이상한 것이 없다고 판단된다.25)

원, 39∼65쪽.
23) 위와 같다.
24) 『白虎通』 권10 붕흥조에는 '天子曰崩 大尊像崩之 爲言崩 崩然伏僵 天下 撫擊失神明 黎庶殞涕 海內悲涼 諸侯曰薨… 大夫曰卒 士曰不祿'이라고 붕의 뜻을 설명하고 있다.
25) 이병도, 앞의 글, 560∼561쪽.

(4)「到乙巳年八月癸酉朔十二日甲申安厝登冠大墓」

乙巳年(525 성왕 3년) 팔월 초하루 日辰은 癸酉이며 12일 甲申에 이르러 장사지낼 때에 大墓(왕릉)에 모셨다는 기록이다. 安厝는『중문대사전』에 의하면 장례를 지낸다는 뜻으로 귀천에 모두 함께 사용하는 단어로 설명되어 있다.『중문대사전』에 安厝의 '조'자는 ① 둔다(置)는 뜻으로 措자와 통하며(『孝經』喪親條) '卜其宅兆而安措之'라 하여 安葬이라는 뜻으로 사용하였고, ② 葬也置也라 하여 '謂安置柩於兆穴而葬之'라 하여 장사지내기 위하여 棺에 모셔놓음을 뜻한다고 쓰였고, 「白虎通」에는 또 다른 뜻으로 ③ '停柩待葬者'26)라 하여 관에 모셔 장사를 기다리는 것을 기록하고 있다. 安厝한 실례로는 劉備의 甘皇后 경우를 들 수 있다. 왕비의 상여가 도착하기 전에 유비가 죽어서 합장하기로 하였다. 그런데 유비의 능이 아직 완성되지 않았으므로 임시 가매장한 것을 安厝라 하였다.27) 그리고 무녕왕릉 지석에서의 安厝를 가매장한 것으로 보는 견해도 있다.28) 그러나 빈소에 가매장한 것은 이때가 아니라 왕이 죽은 직후일 것이므로 이 구절은 문맥에 따라 '빈소에서 입관하여 모셔져'라고 해석함이 좋을 듯하다. 이는 후술하는 바와 같이 왕비의 지석에서 '改葬'에 대한 대귀로서 풀어도 위와 같이 해석함이 타당하다고 생각한다.

登冠을 직역하면 관을 올렸다는 것이고 大墓는 단순히 큰 묘라는 뜻이 아니라 王陵이라는 뜻으로 이해된다. 大墓는 大駕, 大

---

26) 曲禮 在床曰尸 在棺曰柩라는 것은 입관한 후 장례를 치르기까지를 말한다.
27)『삼국지』권34 蜀書 4, 先主甘皇后傳.
28) 강인구의 견해임.

輦, 大號, 大喪, 大朝라는 표현에서 '大'자가 천자라는 뜻을 가지므로 大墓도 이런 용례로 보아야 할 것이다. 그리고 대묘는 買地券에서 왕의 장사를 치른 날 地神으로부터 申地를 사서 묘를 만들어놓았던 것을 지칭한다. 대묘에 관을 올렸다는 것을 '登冠'으로 표현한 용례를 찾기 어려우나 이를 지명으로 볼 수는 없고29) 정식 장사를 지냈다는 뜻으로 표현된 것으로 봄이 타당할 듯하다. 冠을 왕릉에 올렸다고 표현한 것은 왕관이 왕을 상징하는 대표적인 유물이기 때문이라고 생각한다. 지하의 궁전인 왕릉에 관을 올림으로서 그 세계에서 새로운 삶을 영위한다고 여겼던 것이라 할 수 있고 武寧王이란 시호도 이때에 올렸다고 생각된다.30) 물론 선학들이 지석에 무녕이란 시호가 보이지 않음으로 왕비의 사후로 즉 성왕 7년 이후로 보고 있으나 시호를 올릴 수 있는 때는 대묘에 등관한 때가 가장 적절한 시기라고 생각된다. 그런데 왕의 지석에 시호를 써넣지 않은 이유로는 왕의 시호가 왕의 장례시까지 아직 정해지지 않았을 것이라는 점과는 다른 각도에서 고려해볼 수 있다. 즉 왕의 묘지와 매지권에서 매장된 무녕왕이 주체가 되어 있다는 점을 유의하여야 할 것이다. 생전에 부를 때에는 사마왕이라 불렀고 내묘에 모신 후에는 무녕왕이라고 부른 것으로 볼 수는 없을까 한다.

왕이 죽은 523년 5월 7일부터 장사를 지낸 해인 525년 8월 12일까지는 만 2년 3개월 5일이니, 27개월이 좀 넘는다. 이것은 뒤에 설명할 王妃의 居喪도 27개월이어서 장례기간이 일치함을 알

---

29) 임창순은 이를 지명으로 파악하였다(앞의 글 참조).
30) 무녕이란 시호가 묘지에 적히지 않았다고 하여 무녕이란 시호를 올린 것을 성왕 7년 이후로 보는 설도 있다(임창순, 앞의 글, 54~55쪽).

수 있다. 이것은 우연의 일치가 아니오 의도적이었음을 알 수 있다.31)

당시의 상장에 대한 문헌적 기록을 보면 『三國志』 東夷傳에는 우리나라의 古代喪制에 대해서 다음과 같이 설명하고 있다. "夫餘는 停喪이 5개월로 되어 있으나 오래 할수록 영광으로 생각하니 상주들은 정상하기를 서두르지 않으므로 주위 사람들이 강제로 권해서 정상하도록 하였다. 상중에는 모두 흰 베옷을 입고 패물은 차지 않으니 대체로 중국 풍습과 비슷하다"고 하였다. 高句麗 풍습은 제반사가 부여와 더불어 같았고 백제의 전신이었던 韓社會도 또한 같았다고 하는 기록으로 미루어보아 부여, 고구려, 한사회의 장례 풍습이 비슷했음을 알 수 있다.

삼국의 喪葬 풍속을 가장 소상하게 전하고 있는 「周書」에 의하면 고구려의 상제에 대해서 부모와 남편상의 복제는 중국과 같으나 형제상은 3개월간으로 한정했으며, 백제에서는 부모와 남편상에는 3년 동안 상복을 입었다고 한다. 이와 같이 부여, 고구려, 백제의 상제가 비슷했는데, 이 상제는 또한 중국과 더불어 비슷하다고 하였다.

중국에서는 부모상의 경우 堯舜時代부터 3년상을 입어 내려온 것으로 알려져 있으며, 殷의 高宗(武丁)은 그의 아버지 小乙이 죽자 묘막을 짓고, 거기서 기거하면서 3년 동안 服喪한 사실이 「書經」에 전하고 있다. 이와 같은 사실에 근거를 두었음인지 공자는 삼년상의 복제가 이미 오래 전부터 전해졌다고 하였고, 맹자도 부모상에 3년 복상을 하는 것은 천자로부터 서민에 이르기까지 고대부터 전해져 내려오는 상제라고 하였다. 부모상에 3년

---

31) 성주탁, 앞의 글.

동안 복상을 하는 것은 사람이 태어난 후 3년은 지내야 부모의 품을 면할 수 있기 때문에 이것이 모든 사람들에게 공통된 상제로 채택되어 내려왔던 것이다. 3년 복상에는 25개월설과 27개월설이 있었다. 공자는 3년상에 대해서 만 36개월을 의미하는 것인지 27개월이나 25개월을 의미하는 것인지는 명확하게 밝힌 바 없고, 다만 3년상이 끝났어도 그 달은 넘기고서 풍류를 즐기는 것이 도리라고 했을 뿐이다. 이에 근거를 두고 후한때 경전에 대하여 해박한 지식을 갖고 경전 주석을 낸 鄭玄은 27개월설을 주장했으며, 25개월설은 「春秋 公羊傳」에 처음으로 보이고32) 魏나라때 王肅이 25개월설을 주장하여 양설이 공존하여 오다가 宋代 朱熹(1130~1200)에 의하여 왕숙의 25개월설이 채택된 후 현재까지 전해 내려오고 있다.

　중국의 3년 복상의 역사적 배경을 살펴 보건대 우리나라의 고대상제와 유사했음을 엿볼 수 있고, 특히 백제는 부모와 남편상에 삼년 복상을 했었다고 하는 기록과 함께 武寧王과 王妃가 27개월 동안의 居喪을 마친 다음에 장사를 지냈다고 하는 것은 정현의 27개월 복상제를 채택 사용했음을 알 수 있다.33) 그리고 왕의 장사 날짜는 仲秋 12일에, 왕비의 상사 날싸는 仲春 12일에 지낸 것도 우연의 일치가 아니고 택일을 해서 장사를 지낸 것임이 확실하다.34)

　(5) 「立志如左」

　立志如左에서 '志'자는 기록한다는 '誌'자와 통용되는 글자로

---

32) '三年之喪 實以二十五月'(春秋 公羊傳 閔公 二年 夏五月條)
33) 성주탁, 앞의 글.
34) 정구복, 앞의 글, 41쪽.

해석된다. 그러므로 입지는 기록하여 둔다는 뜻이다. 여기서 문제가 되는 것은 '左'자의 문제이다. '左'는 우리가 지석을 보는 방향에서는 '다음의'의 뜻이 되어 왕비 지석 뒷면의 매지권을 가리킨다. 이것은 武寧王陵 發掘報告書의 해석이다.35) 그러나 이것은 몇 가지 문제가 있다. 첫째 왕의 묘지를 만들 때 매지권을 함께 만들었으나 왕의 묘지를 놓아두었던 상태가 왕의 시신 쪽에서 읽도록 되어 있고 그 우측에 매지권을 놓아두었다 하더라도 매지권은 좌측이 될 수 없고 좌측을 문자 그대로 해석한다면 뒷면의 간지도를 지칭한다고 보아야 할 것이다. 둘째는 왕비의 묘지에서도 「立志如左」라 하였는데 이를 좌측으로 해석한다면 해당되는 글이 없다. 만약 왕비의 묘지문에서도 좌측이 매지권이라 한다면 이는 좌우로 돌려서 새긴 것이 아니라 上·下로 뒤집어서 쓴 바 후면이라 할 수는 있어도 좌측이라 할 수는 없다. 셋째 묘지의 '左'를 다음으로 해석한다면 매지권의 右一件의 해석에 무리가 따르게 된다. 그러므로 이 두 지석의 如左를 충족시키는 해석은 '이상과 같다'라고 해석하여야 할 것이다.36)

　立志如左 옆줄인 일곱째 줄에 한 글자가 더 새겨져 있다. 이병도는 이 글자에 대해서 분명치 않다고 했으나, 뜻을 가진 글자임이 분명하다. 成周鐸은 왕의 묘지 뒤에 새겨진 간지도와 관련시켜 해석해서 무덤의 뜻을 가진 '穴'자나 "冢"자가 아닌가 하는 견해를 밝힌 바 있다.37) 발굴보고서에는 부적과 같은 표시로서 의미를 찾을 수 없는 글자로 풀이하고 있다. 이는 앞으로 더 연

---

35) 이병도도 如左를 '다음의'로 해석하여 매지권으로 본 것 같다(앞의 글, 562쪽).
36) 정구복, 앞의 글, 41~43쪽.
37) 성주탁, 앞의 글, 117쪽.

구가 되어야 할 것이다.

2) 간지도에 대한 해석

왕의 묘지 뒷면에 제1편 55쪽에 있는 그림과 같이 그은 선의 위에 十干・十二支의 문자가 음각되었으나 「申・庚・酉・辛・戌」의 5자 분과 서・북의 간방인 '戌'자와 서・남의 간방인 '己'자는 缺字되어 있다. 그리고 묘지표면 右端에서 19.9cm, 下端에서 20cm 되는 위치에 徑 1.1cm의 구멍이 뚫려 있다.

任昌淳은 이를 「方位表」로 규정하고 방위를 새겨 넣으면서 삼면만을 기입하고 상부에 해당하는 서쪽 부위를 기입하지 않은 것은 석재 자체가 정방형이 아니기 때문이니 24방위를 기입함에 있어서 정방형이 아니고서는 방위의 위치를 제대로 설정할 수 없기 때문이라고 한다. 즉 서방에 해당하는 부분을 적어 넣을 수 있다 할지라도 西北隅와 西南隅의 명칭을 기입할 자리가 없는 것으로 풀이하고 있다. 그러므로 서방 일면을 비워두지 않을 수 없다는 것이다. 다시 말하면 가운데 뚫린 구멍을 중앙으로 설정하고 이에 준하여 陵券의 위치가 陵의 방향과 같이 놓이게 되어 陵의 방위가 전면이 동, 후면이 서가 되었는데, 구멍을 위쪽으로 치우쳐서 뚫었기 때문에 서면의 표시를 비우지 않을 수 없게 되었다는 것이다. 그리고 처음부터 방위표시를 계산에 넣고 했었다면 정방형의 석재를 썼고 西面을 다 기입했겠지만 이것이 미리 계획된 것이 아니고 이상히 여겨져서 王妃陵券을 새긴 뒤에 이를 같이 追刻하였을 것이라는 견해이다.[38]

이와 같은 의견에는 두 가지 의문점이 있다. 첫째는 처음부터

---

38) 임창순, 앞의 글, 53쪽.

방위표시를 계산에 넣고 했었다면 정방형의 석재를 썼고, 서면을 다 기입했겠지만 이것이 미리 계획된 것이 아니라고 하는 의견에 대하여 구멍은 왕의 묘지를 새기기 전에 뚫은 것이었음은 구멍을 피하여 '崩'자를 한 글자를 떼어 쓴 점에서 확실한데 이 구멍을 장방형의 지석이라 하더라도 상하의 중간을 취할 수 있는데도 좌우의 중간만 취하고 상하의 중간을 취하지 않은 것은 무엇 때문인가가 설명되어야 하며, 둘째는 왕비의 묘지를 제2석의 후면에 새긴 뒤에 일면만을 비워두는 것이 이상히 여겨서 王妃陵券을 새긴 뒤에 추각했을 것이라는 견해는 이 왕릉이 왕과 왕비의 합장이기는 하지만 주인은 왕이 중심이었다고 할 수 있을 뿐만 아니라 무덤의 일은 예나 지금이나 가장 지엄한 금기가 있는데 왕의 지석 뒤편에 비워졌다고 하여 가볍게 추각할 수 있겠는가 하는 점이다.

간지도는 처음부터 계획적으로 이루어진 능묘조성과 함께 이것도 계획적으로 이루어졌으며 이는 능의 위치를 표시하려는 의도로 왕의 묘지를 작성할 때에 墓域圖를 작성 명기한 것으로 보아야 한다고 생각한다.

이병도는 "이것이 능묘에 관한 방위도이면서도 일종의 능역도(지적도)를 겸한 것이라고 해석하고 있다. 이것이 만일 순전한 방위도라면 서방이 균형을 얻어야겠는데, 여기에는 일방이 절단(축소)되고 그 자리에 선만 내려긋고 방위간지가 각입되어 있지 않다. 그러나 이것은 他三方과 같이 확실히 능역의 한계를 표시한 것이니 중국 한·위, 육조시대의 묘지를 보더라도 거기에는 묘역의 각 한계를 기입한 예가 많다. 그 일례로는 光緒丁酉(1897)에 중국 浙江省 平陽縣에서 발견된 晉 咸康四年(338) 2월

朱買妻辥氏 매지권을 들 수 있다. 그런데 무녕왕 지석의 방위도에서는 서쪽의 일부를 절단하여 그 한계선을 안쪽으로 縮小劃定하고 있는데 이것은 아마도 陰陽拘忌關係의 卜筮사상에서 연유한 것 같다. 또 兩個 지석에는 가운데에 조그만 구멍이 뚫려 있는데, 그것은 子·午 중간에 위치하고 있으므로 만일 서방일선을 내키어 제자리의 방위형성을 취하게 된다면, 여기에 穿孔은 이 도면의 중심이 되어 전체의 균형을 이룰 것이다. 그러나 이 중심점은 어디까지나 방위상의 중심이요 실제 劃定된 능역이나 현실의 중심을 의미하는 것은 아닐 것이다. 방위표시의 간지가 특히 匡郭線上에 걸쳐서 기입된 것을 보면 이들 간지는 주위의 거리를 측정하는 척도를 兼示한 일종의 지역도 혹은 지적도와 같은 것"으로 판단하고 있다.[39]

이에 대해서 필자는 단순한 방위표가 아니고 묘를 축조하고 매지권을 만든 것과 관련이 있을 것으로 보고 능역도와 같은 의미에서 묘역도로 해석하는 것이 타당하다고 본다. 그러나 중앙에 구멍을 뚫은 것은 단순히 중심점으로 잡은 것이 아니라고 생각한다. 왜냐하면 중심점이라면 점을 찍어도 될 터인데 하필 완전히 관통하는 구멍을 뚫었다는 점이 첫째 이유이고, 또 같은 구멍이 매지권(왕비의 지석)에도 같은 위치에 거의 같은 크기로 뚫은 것이 둘째 이유이다.

그런데 능역도 상에서 대각선을 그어보면 교차점으로부터 서방쪽에 구멍이 있게 되며 장방형의 서방쪽 1/4은 왕릉의 묘역을 의미한다고도 볼 수 있지 않을까 추측해본다. 그리고 서방의 방위 간지를 비워둔 것은 혹 자기가 지신으로부터 산 땅이라는 의

---

[39] 이병도, 앞의 글, 562~564쪽.

식에서 의도적으로 비워둔 것이 아닐까 한다.

이렇게 보면 서방의 (申·庚·酉·辛·戌) 자리와 서·북의 간방과 서·남의 간방에 써넣어야 할 '戊己'를 비워둔 것은 의도적인 것으로 보아야 할 것이다. 동·남 간과 동·북 간방에 '戊', '己'를 안쪽으로 들여 쓴 것은[40] 방위를 원으로 표시할 때와 달리 사각형으로 표시할 때에는 귀퉁이 모서리에 적거나 안쪽으로 들여 써야 하는 바 모서리 안쪽에 기록하는 방식을 취한 것이다. 또한 이 간지도는 간지를 안쪽으로 향하여 새겼음으로 그 上·下를 구별할 수 없다. 그런데 발굴보고서에서는 간지를 새기지 않고 비워둔 부분을 상부로 기술하였는데 매지권을 上·下로 뒤집어 왕비의 묘지를 쓴 것을 고려하면 비워둔 서방 부분이 오히려 下端으로 볼 수 있다. 어떻든 간지도가 놓여졌던 상태는 비록 엎어진 상태이지만 서방의 간지를 쓰지 않은 부분이 능의 왕이 산 서방 (즉 申地) 의 땅이 입구에서 시작함을 뜻하는 것이 아닐까 추측해본다. 묘의 방위는 癸坐丁向이므로 이 간지도는 방위와는 관계가 없고, 공간으로 남겨둔 일면은 간지로는 서방인데,[41] 놓여있는 상태는 남쪽이므로 방위와는 직접적인 관련은 없다고 보여져 상징적인 의미가 있는 것으로 보인다.

당시 간지도가 서방의 간지를 비워둔 부분인 왕릉의 입구 쪽으로 놓여져 있었으므로 이 묘역도 상에서만 본다면 산 땅의 시

---

40) 성주탁은 앞의 논문에서 '무기' 두 자를 안으로 들여쓰고 지석 일면을 비워둔 데 대해서 이를 유교의 오황극사상 및 중앙토사상과 존공사상으로 풀이하였다.

41) 大谷光男과 史在東은 서방을 높이는 뜻에서 비워둔 것으로 해석하였다(사재동, 1981,「무녕왕릉문물의 서사적 구조」,『백제연구』12, 충남대학교백제연구소 : 1-4) 大谷光男, 154쪽.

작은 입구로부터 묘역의 가장 깊숙이 있는 구멍, 바로 왕의 시신이 놓여 있는 곳을 상징한다고 할 수 있다. 그런데 지석에 구멍을 뚫은 예는 중국의 경우와 우리나라 후대의 지석에도 보이지 않는 특이한 것이므로 앞으로의 자료가 더 발견되어야 올바른 해석을 할 수 있을 것이다.42)

3) 買地券에 대한 해석

(1) 「錢一萬文 右一件」

錢一萬文의 '문'에 대해서 문은 원래 周圓方孔의 돈을 뜻하지만 여기서는 枚(잎)의 뜻으로 쓰였다. 따라서 무녕왕릉에서 출토된 오수전은 1백 개에 가까운 90여 개가 출토되었으므로 一萬文이라고 표현한 것은 실제와는 다른 것으로 많은 돈이라는 뜻으로 표현한 것이다.43) 그리고 여기에 놓인 오수전은 무녕왕이 죽은 523년 양 무제 보통 4년에 주조되어 왕의 장사를 치르기 전에 양나라로부터 백제에 전해졌음을 알 수 있다. 右一件은 '다음의 건'이라는 뜻으로 토지를 매입하는 문서 내용을 뜻한다. 즉 이는 다음의 문서내용을 총괄하고 있는 제목과도 같은 것이며 또는 본 문서에서 말하고 있는 '申地'를 의미한다고 볼 수도 있

---

42) 성주탁은 가운데 구멍을 왕릉의 위치를 표시하는 것으로 해석한 바 있고, 정구복은 왕릉의 중심점(왕의 시신이 누여진 부분)을 상징한 것으로 아마 지하궁전인 현실에서 왕의 혼과 지하의 지신이 서로 통하는 통로를 상징한 것으로 '神道'라고 할 수 있는 것이 아닐까 하는 의견을 제시하였다. '신도'설은 문명대가 무녕왕릉 발굴 20주년 학술대회 토론회에서 제시한 바 있다.
43) 정구복, 앞의 글, 43쪽(조선조에서는 천문이 一貫이므로 일만문은 十貫이었으며, 일문을 한 잎으로 읽어왔다).

다. '신지'의 구체적 표현은 간지도에서 읽을 수 있는 장방형의 대각선으로 나눌 경우 서쪽부분이 아닐까 한다. 이병도는 우일건을 왕 지석 뒷면의 간지도를 의미한다고 해석했고44) 임창순은 전일만문을 가리킨다고 보았다.45)

(2) 「乙未年八月十二日寧東大將軍百濟斯麻王」

을미년은 526년으로 왕을 능에 모신 해이며 8월 12일은 바로 장례를 치른 날이며 영동대장군백제사마왕은 이 문서의 주인공이다. 그런데 죽은 왕이 매매의 주체가 되었다는 점은 왕이 현실적으로 죽었지만 영혼이 육체와 더불어 함께 없어지지 않고 남아 있다는 당시인들의 사유관념을 보여주는 것이라 할 수 있다.

(3) 「以前件錢詣土王土伯土父母上下衆官二千石買申地爲墓」

前件錢이라 함은 위에서 제시한 전일만문을 가리킨다. 이를 통해 임창순이 위의 '右一件'을 일만문의 돈을 지칭한다고 본 견해가 잘못임을 확인할 수 있다. 중국에서는 한대 이후부터 무덤 안에 돈을 넣는 풍습이 있었으니 이를 '瘞錢'이라고 불렀다.46) '錢'자 다음 자는 정확히 해독할 수 없는 글자로 여러 가지 견해가 있다. '訟, 詢, 諴, 請, 詣'자로 해독되어 왔다.47) 이는 자형이나 문리로 보아서 '詣'자가 타당하다고 본다.

'土王, 土伯, 土父母, 上下衆官二千石'은 토지신들 중 지배자인

---

44) 이병도, 앞의 글, 56쪽.
45) 임창순, 앞의 글, 59쪽.
46) 『중문대사전』 참조.
47) 임창순은 '訟', 이병도는 '詢', 정구복은 '請', 성주탁은 '詣'자로 보았다.

토왕 그리고 그의 신하인 토백, 토부모 및 연봉 2천 석 이상을 받는 상하급의 관료들의 표현인 바 이는 토중 (지하) 을 지배하는 신으로서 도교 경전에 나오는 토지신의 권속들과 그 명칭이 일치한다.48) 이 당시 남조에서의 2천 석은 秩二千石 이상의 연봉의 액수를 말하는 것으로 이에 해당하는 관료에는 중앙의 고위관료와 지방의 태수가 포함된다. 2천 석 이상의 연봉을 받는 중관으로서 상하의 모든 관료를 위관료와 이들 토지신들에 대한 명칭은 도교의 지신명으로부터 유래하였다고 할 수 있다.49)

　신지는 서쪽 땅인 바 이를 24방위로 나눈 방위도에서 정확히 말하면 서, 남의 간방으로부터 서쪽으로 15도의 방향에 있는 땅이다. 그 중심점은 왕실이 있는 궁궐에서 서방이라고 생각한다. 그러나 여기서 '신지'가 의미하는 바는 간지도에서 글씨를 쓰지 않은 신, 경, 유, 신, 술을 대표하는 글자로 쓰였다고 추측된다. 그러므로 궁궐로부터 서방의 땅을 사서 묘를 만들었다.

　이 구절은 '앞에 든 돈으로 토지신인 토왕, 토백, 토부모, 연봉 2천 석 이상의 상하의 중관에게 나아가 신지를 사서 묘를 만들었다'의 뜻이다.

---

48) 지하 토지신들에 대한 해석에 대해 瀧川政次郎은 '토왕'을 토공이라 하며 토중(지하)을 지배하는 신으로 토왕의 眷族 종자라 하였으며 이병도는 토왕은 전체의 토지신, 토백은 그 지역의 토지신, 토부모는 묘역의 토지신인 듯하고 상하중관이천석은 천상 지하의 二千石 秩(고급) 官人이라는 뜻으로 풀이하였다. 그런데 도교의 『玉樞經』 (唐의 杜光廷 撰)에는 이와 유사한 지신들의 명칭이 다음과 같이 보이고 있다. '土皇九纍 其下可千二百神 土侯 土伯 土母 土子 土孫 土家眷屬'

49) 성주탁은 앞의 글에서 이런 도교사상도 근원적으로 유교의 중앙토사상에 흡수되어 이루어진 것으로 그 원초적인 지신 관념은 유교의 숭토사상에서 연유한다는 설을 밝혔다.

(4) 「故立券爲明」

「(토지를 샀다) 그러므로 문서를 만들어 증명으로 삼는다.」 이는 문서 형태를 취하고 있어 전래하는 한국 최초의 고문서의 형식을 보여주고 있다. 후대의 고문서에서 토지 또는 노비들의 매매문기를 '명문'으로 칭하고 있는 것도 이와 관련이 있다고 생각된다. 그러나 당시 토지를 매매한 관습이 혹 있었는지는 알 수 없으나 이를 가지고 이 당시 민간에서 토지를 매매할 때에 이런 문서를 만들었다고 단정할 수는 없다.

(5) 「不從律令」

이는 문서의 본문이 끝난 다음에 쓴 단서조항으로 쓰인 것이다. 율령이라 함은 고대국가에서는 지방마다 특수한 관습법을 국가적으로 획일화하는 법제를 의미한다. 즉 그러한 예로는 관리의 관품제도, 관품에 따른 복색제도, 토지제도, 조세제도, 호적제도 및 형률 등을 말한다. 그러나 여기서는 이러한 율령에 해당된다면 제도적인 것이 아니라 토지를 매매한 후에 이를 어긴 경우에 처벌하는 형률을 의미할 것이다.

율령의 의미에는 도교적인 다른 개념이 있다. 이에는 두 가지 뜻이 있는 바 하나는 율은 天律이요, 령은 帝令으로 萬法之祖인 太上老君이 令으로 귀신을 부리는 것을 율령이라고 하는 뜻과 다른 하나는 번개보다 더 빨리 달리는 속성을 가졌다고 하는 雷部의 귀신의 이름이다. 이는 도교경전 및 그 부적에서 '急急如律令'이라는 경우가 이를 말한다.50) 이 중 귀신의 이름인 율령의 개념은 이에 해당되지 않는다.

---

50) 李叔環 편, 1979, 『도교대사전』, 대북.

도교의 율령은 천제의 율령인 바 도교에서는 지하의 귀신도 천제가 명령한다고는 하나 여기에는 자신들만이 등장함으로 비록 율령이라는 말이 도교에서 따온 것이라 하더라도 구체적으로는 지신의 율령으로 보아야 할 것이다. 그런데 이는 계약문서이고 또한 문서가 종결된 다음에 쓴 단서 조항이므로 합리적으로 말하면 매수자와 매도자 양편에 적용되어야 할 것이다. 그러나 이는 실제적인 계약 문서가 아니라 신앙적인 의례적인 문서이므로 이를 그대로 해석할 수는 없을 것이다.

더구나 중국의 매지권 문서에서는 「만약 私約이 있으면 율령에 따라 처벌한다(有私約如律令 有私約者當律令)」든가 「기타 사항은 천제율령에 따른다(他如天帝律令)」는 등의 단서조항은 율령에 따른다고 기록하고 있는 것과는 달리 율령을 따르지 않는다는 부정형으로 서술되어 있다. 그러므로 이를 무녕왕릉발굴보고서에서는 「모든 것을 지배하는 율령도 묘소에 관한 한 미치지 않는다는 성역화의 뜻으로 보고 이를 인간의 율령도 해당시킬 수 있으나 천제의 율령을 뜻한다」고 추론하였다.[51]

이에 대해서는 여러 가지 설이 있다.[52] 또 다른 견해를 제시한다면 이는 계약 문서이지만 왕이 일방적으로 작성한 것이므로 값을 치르는 데도 100문을 갖다놓고 매매대금은 일만문을 지불한 것으로 기록하고 있다. 그러므로 이 내용은 율령을 따르지 않았다고 한 것이 아닐까 한다.

---

51) 임창순, 앞의 글, 60~61쪽.
52) 이병도는 현행 율령에 따르지 않는다로, 정구복은 그 구체적인 내용이 매매를 물릴 수 없다는 뜻, 지신들이 계약조건을 위반하여 지신들이 시신을 침범하거나 사자의 후손을 해칠 경우 부종율령죄로 처벌한다는 것으로 해석한 바 있다.

4) 왕비의 묘지 해석

(1) 「丙午年十一月百濟國王太妃壽終」

병오년(성왕 4년, 526년)에 백제국왕 태비가 돌아가셨다는 내용으로 이 기사도 무녕왕비의 죽은 연대가 『삼국사기』에 기록되지 않은 것으로 새로운 사실을 알려주는 것이다. '국왕의 태비'라고 한 기록에서 국왕을 무녕왕으로 보아야 할 것인가 아니면 왕비의 사망 당시의 왕 즉 성왕을 지칭한 것인가를 살펴야 할 것이다. 태비라는 용어가 전왕의 비를 의미하므로 국왕은 성왕을 지칭한다고 보는 편이 타당하다고 본다.53) 이는 왕의 묘지에서 무녕왕의 입장에서 쓴 것과는 다른 성격이라 할 것이다. 그리고 이 묘지에서는 죽은 날짜를 생략한 점, 죽을 때의 나이를 적고 있지 않는 점과 그 죽음을 왕의 경우에 '崩'이라는 용어를 사용한 것과는 달리 '壽終'이라는 표현으로 쓴 점이 다른 점이라 할 수 있다. '수종'이라는 말은 천수를 다했다는 표현으로 왕이나 왕비의 격에 맞는 용어가 아닌 문학적 표현이다.

(2) 「居喪在酉地」

거상이라 함은 장례를 치르기까지 기간을 말하며 상중에 시신을 酉地(왕궁으로부터 정사방의 땅)에 두었다는 뜻이나 이는 가매장을 하였다는 것으로 풀이된다. 그런데 왕의 경우 가매장하였다는 표현이 죽은 기사 다음에 바로 나오고 있지 않으며 만약 가매장하였다고 하면 어느 곳에 가매장했는지도 기록이 없다. 이

---

53) 정구복은 앞의 글에서 국왕을 무녕왕으로 보아야 한다는 견해를 편 바 있다.

점에서도 두 묘지간의 차이를 보이고 있다.

(3) 「己酉年二月癸未朔十二日甲午改葬還大墓」

기유년(성왕 7년, 529년) 2월 초하루 일진이 癸未이며 12일(갑오)에 개장하여 대묘에 모셨다는 내용이다. 대묘에 모신 것을 '還'자로 쓴 것은 왕의 시신이 모셔진 곳으로 돌아왔다는 뜻으로 풀이된다. 정식으로 왕비의 장사를 치른 것은 사망 후 27개월이 지나서이므로 3년상제가 시행되었음을 보여주는 또 하나의 자료이다.

(4) 「立志如左」

이는 이미 왕의 묘지에서 설명한 바와 같이 이상과 같이 기록한다는 뜻이다. 이상과 같은 왕비의 묘지는 왕의 지석에 추가한 것으로 續誌的 성격을 띤다고 할 수 있다.

5. 지석의 성격

무녕왕릉에서 발굴된 지석은 왕의 묘지와 간지도, 매지권을 갖추었고 왕비의 묘지까지를 기록한 점에서 대단히 중요한 의미를 지니고 있다. 그리고 이는 우리나라의 지석 중에서 최초의 것일 뿐만 아니라 삼국시대의 왕릉 중 매장주체를 분명하게 알게 되었다는 점에서도 중요한 의미를 가지고 있다. 간지도의 간지를 빼면 이 지석에는 총 152자가 새겨져 있다.54) 이는 완전한 형식을 갖춘 지석으로서는 많은 양은 아니지만 결코 적은 기록이라

---

54) 왕의 묘지에 53자, 매지권에 58자, 왕비의 묘지에 41자가 새겨져 있고 간지도의 글자까지 합치면 169자가 쓰여 있다.

고는 할 수 없다. 거기에 완전히 해독되지 않은 글자 한 두자를 제외하면 모든 글자를 완전하게 해독할 수 있을 정도로 보존 상태가 극히 양호한 편이다.

그러나 이 기록의 의미를 완전히 해석하기에는 관련 자료가 너무 빈약할 뿐만 아니라 유사한 지석이 우리나라는 물론 중국에도 거의 없는 많은 어려움이 있는 것이 사실이다. 이를 바꾸어 말하면 이 지석은 중국 것과도 여러 가지 점에서 특이한 형태와 내용 및 표현을 가지고 있다. 즉 중국문화를 수용하면서도 그 특성이 강했다고 할 수 있을 뿐만 아니라 백제의 상장제도와 풍습을 알려주는 좋은 자료이다. 이 지석이 가지는 총체적인 성격을 들면 다음과 같다.

1) 형태적인 측면에서 지석을 두 장으로 만들면서 정방형이 아닌 장방향의 판석을 사용하였으며, 두 개의 지석에 가로로는 중앙부분, 세로로는 중앙보다 상단 쪽으로 약간 치우친 부분에 완전히 관통하는 구멍을 뚫은 점, 간지도에서 서방의 간지와 서·북 간방 및 서·남 간방의 간지를 쓰지 않고 비워둔 점 등은 현재까지의 발견된 예가 없는 특이한 형태라 할 수 있다. 그러므로 그 의미에 대해서는 충분한 근거를 대어 설명할 수 없다. 이러한 점에 대해서는 앞으로 유사한 자료가 더 나오면 해결될 것이다.

2) 내용적인 면에서 왕과 왕비의 묘지는 소략한 점에서 일치하면서도 왕비의 경우는 왕과 대등하게 서술하지 않고 소홀히 한 점을 들 수 있다. 예를 들면 글씨를 작게 새겼다든지, 왕의 죽음을 '수종'이라고 표현한 것이라든지 왕의 경우 죽을 때의 나이를 적고 있는데 왕비의 경우는 나이를 밝히지 않은 점, 왕비의

경우 죽은 달만 기록하고 날짜는 뺀 점 등이 그것이다.

그리고 지석에서 『삼국사기』에 수록되지 않는 여러 가지 사실을 얻을 수 있다. 왕이 40세에 즉위하였다는 사실과 62세에 죽었으며 462년 개루왕 8년에 출생했다는 점, 백제에서 3년상제를 실제로 치른다는 중국사서의 기록을 확인하게 한 점 그리고 3년상제는 후한 정현의 설에 따른 27개월설이 시행되었다는 점 등이다. 왕의 묘지와 매지권에서 영동대장군이란 칭호를 첫머리에 쓴 점에서 양나라와의 밀접한 관계를 알 수 있으며, 이는 사대적인 성향의 소치가 아님을 천자만이 쓰는 용어인 '崩'자를 쓴 점에서 확인할 수 있다. 그리고 사마왕이라는 생시의 칭호를 그대로 기록한 점에서 왕의 이름을 당시에는 避諱하지 않았음을 확인할 수 있다.

또한 이들 자료를 통해 백제에서는 송 문제 연간에 河承元이 만든 元嘉曆을 사용하고 있었다는 점을 확인할 수 있다. 이 당시 백제에서는 송나라에 사신을 보내 구해온 방위표가 들어 있는 『易林式點』이라는 책을 구입하였는 바 간지도에서 방위의 표시는 이 방식에 따른 것임을 확인할 수 있다.55)

이 지석에 나타난 내세에 대한 사유 형태는 사람은 죽어노 영혼이 신체에서 떨어지지 않고 지하에 함께 있다는 것을 강하게 보여주고 있다. 죽은 무녕왕 자신이 지신들로부터 땅을 사들인다는 표현이 그것이다. 이러한 사상은 글로 표현된 외에도 왕릉의 구조와 유물로서도 보완설명이 가능하다. 즉 지하궁전형으로 현실을 방으로 지은 것이라든지, 어둠을 밝히기 위해 현실의 양벽에 등잔을 켜놓은 것 등이 그것이다. 이는 유교에서 죽으면 혼과

---

55) 임창순, 앞의 글, 58~59쪽.

신체가 분리된다는 사상과는 다른 부여족 계통의 전통사상으로서 신라왕릉에서 시신을 매장하고 그 위에 냇돌을 많이 쌓아놓은 수혈식 적석총을 만드는 한족의 내세관과는 달랐음을 보여주고 있다.

　지하의 세계에는 지신이 다스리고 있다는 것은 매지권에서 보이고 있는데 그 표현이 비록 도교적인 것이 나오고 있고, 또 지석을 만든 발상이 중국으로부터 수용된 것임에는 의심의 여지가 없으나 이는 중국적인 사상의 수용이라고 보기보다는 귀신에 대한 토속신앙이 이렇게 표출된 것이 아닌가 한다. 이전의 무덤에서 땅에 황색의 흙을 까는 것은 시신이 지신 등의 해를 입지 않게 하여는 것으로서 이런 사상이 문자와 지석의 형태로 표출된 것으로 해석할 수도 있다.

　또한 무녕왕릉에는 현실을 쌓은 벽돌에 연화문을 장식해 장엄하게 꾸민 불교적인 색채를 강하게 보이고 있으나 지석에는 내세를 불력에 의존하거나 기원하는 표현이 전혀 보이지 않는다.

　지석에는 장례를 27개월의 3년만에 행했다는 등의 유교적인 사상도 보이고 있다. 무녕왕과 왕비의 장례를 3년상으로 치른 것은 전통적으로 장사를 오래 치르는 것이 풍속을 이루었던 부여족의 전통이 바탕이 되어 유교사상의 27개월을 택하게 된 것이 아닌가 한다.

　지석사적인 관점에서 이 지석의 성격을 살펴보자. 무녕왕 지석의 성격을 중국의 지석과 우리나라의 후대 지석과 연계하여 유추해보면 두 장의 판석으로 지석을 만든 점은 중국의 지석 방식을 수용한 것으로 생각된다. 매지권을 지석의 개석으로 볼 경우 구멍을 맞추어 포개놓았을 가능성이 있고 개석에는 표제가 쓰이는 바 매지권의 내용도 이렇게 볼 수 있는 소지가 보인다. 묘지에 「寧東大將軍百濟斯麻王」이라는 매장 주체를 밝히는 글을 반복하여 매지권에서 쓰고 있는 점이 이런 유추를 할 수 있게 한다. 매지권의 중심어를 추려보면 영동대장군백제사마왕이 신지를 사서 묘를 만들었다는 것으로 이를 표현을 달리 한다면 이는 영동대장군백제사마왕의 묘이고 왕궁에서 서쪽 땅에 위치한다고 바꿀 수도 있다. 이는 후일 지석이 한 장으로 변했을 경우 개석에 쓴 글이 표제어로 나오고 있다.56) 지석 발달사의 경향에 비추어볼 때 이와 같은 내용은 매지권이라 할 수 있지만 묘지를 덮은 개석의 기능을 한 것이 아닌가 한다.

그리고 매지권과 묘지의 내용 관계를 보아도 매지권에서 장사를 치른 날 왕이 땅을 지신으로부터 사서 묘를 만들었다고 쓰여 있고, 산 땅에 만들어놓은 대묘에 臨御하는 표현이 왕의 묘지에 보이고, 후일 왕비가 죽자 왕비를 왕이 계신 곳 즉 대묘에 돌아왔다는 표현은 매지권을 개석의 성격으로 볼 수 있는 근거라 할 수 있을 것이다.

---

56) 장철수, 「지석의 명칭과 종류에 대한 일고찰」, 355쪽.

03

武寧王陵 石獸 鐵製「角」의 意味

1.

　百濟 武寧王(501~523)의 능이 발굴된 것은 1971년의 일이다. 그때 발굴된 유물 중 석수는 1974년 7월 9일 국보 제162호로 지정된 바 있다.
　이에 대하여 발굴보고서에 기재된 설명은 다음과 같다.

「石獸 1軀
　高 30cm, 長 47cm, 幅 22cm」
　羨道 中央에 밖을 향하여 놓여 있었다. 석수는 凝灰岩製이며 뭉뚝한 입을 벌렸고 코는 크나 콧구멍은 없다. 높은 鼻梁이 등뒤까지 계속되었는데 그 좌우에 눈과 귀가 있다. 등에는 鞍具의 覆輪같은 ·융기가 네 곳에 있고 맨 앞의 머리 위 융기 상면에는 철제의 樹枝形 뿔이 패인 홈에 꽂혀 있으나 酸化로 간신히 서 있

던 것이 묘외 반출시의 搬動으로 自然倒切되었다. 동체 좌우에는 前, 後脚에 翼形이 도안처럼 부조되었다. 사각은 짧고 발톱의 표현도 똑똑하지 않다. 右便 右脚은 발견당시 이미 절단되어 있었다. 그 이유를 알 수 없으나 혹시 왕비 追葬時에 부주의로 넘어뜨렸는지 알 수 없다.

이 석수는 한 대 이래 분묘 앞에 세우는 辟邪의 石獅子나 묘내의 鎭墓獸 등과 상통하는 것이라고 하겠고, 陝西省 陽縣 順陵 앞의 唐代 有脚有翼獸는 그 모습이 우리 것과 닮아 있다. 또 후각의 문양은 梁 蕭秀墓(518歿)의 석사자와 유사점을 보여주고 있다. 이러한 석수는 흔히 석사자로 생각되고 있으나 漢書 西域 鳥弋傳에는 「桃拔一名符拔 似鹿長尾 一角者或謂天鹿 兩角者或謂辟邪」라고 있어 武寧王陵 石獸는 바로 一角獸에 해당되는 것이 아닌가 생각된다.」[1]

윤무병은 석수에 대한 간략한 위의 보고서를 (a) 石製, (b) 四脚佇立形, (c) 有脚, (d) 翼獸, (e) 脊毛 (f) 牛形으로 세분하여 논하였는데 이를 요약해보면 다음과 같다.

(a) 武寧王陵 석수는 진묘수이며 석제품이라고 하는 점이 특색이다.
(b) 사각저립형의 무녕왕릉 석수는 漢·晉대의 고식전통을 고수한 조형이다.
(c) 무녕왕릉 석수에는 두께가 2~3cm 가량 되는 청판을 오려서 꽂은 鐵製角이 있는데 어디에서 이런 기발한 생각을 얻어왔는지 이해하기 어렵다.

---

[1] 『武寧王陵』과 石製品 (1) 石獸條, 문화재관리국편, 1973, 삼화출판사, 46쪽.

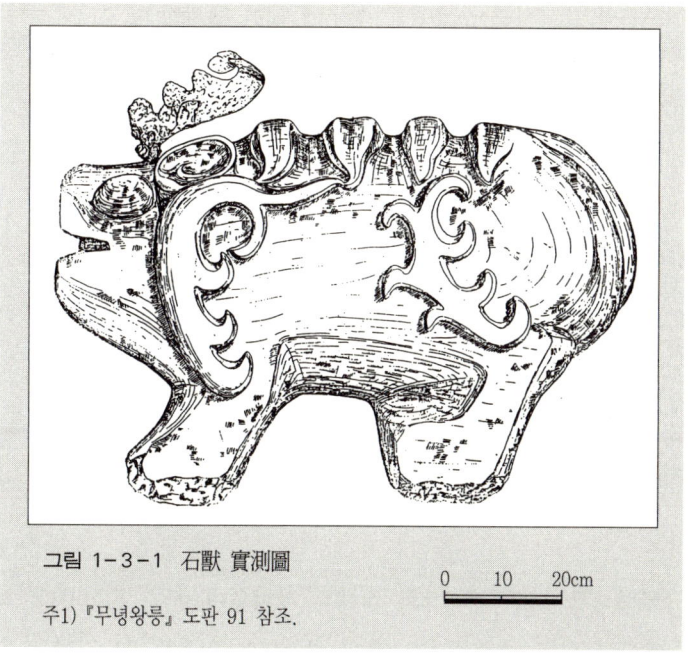

그림 1-3-1 石獸 實測圖

주1) 『무녕왕릉』 도판 91 참조.

(d) 무녕왕릉 석수는 중국식 長毛呈翼形의 변형인 兩翼이 있다.

(e) 무녕왕릉 석수에는 늑골처럼 보이는 4개의 융기가 있으며 보고서는 그것을 鞍具의 覆輪같은 융기라고 표현하고 있으나 그것은 獸身의 鬃毛 또는 體毛를 조각적으로 나타내기 위한 하나의 표현수단이었다고 이해할 수 있다.

(f) 무녕왕릉 석수의 전형은 우형에 가깝지만 무엇이라고 확실하게 단정하기 어렵다. 말하자면 공상적인 神獸로 제작된 것 같다.[2]

---

[2] 尹武炳, 1978, 「武寧王陵 石獸의 硏究」, 『百濟硏究』 제9집, 충남대학

주1)의 보고서는 무녕왕릉 석수에 대한 개괄적인 고고학적 보고서이다. 이것을 근거로 하여 윤무병 주2)의 논문에서는 위와 같이 세분해서 고고학과 미술사적 측면에서 무녕왕릉 석수 특성에 대하여 밝히고 있다. 그런데 주2) (c) 有角條에서 석수의 철제각에 대하여 설명하고 난 다음 어디에서 이러한 아이디어를 얻어왔는지 이해하기 어렵다고 하여 철제각에 대한 설명을 유보해 놓고 있다. 이 글에서는 유보해둔 철제각의 성격에 대해서 좀더 구체적으로 살펴보기로 하겠으며, 나아가서 이와 부수되어 달리 해석되어야 할 (d) 翼獸 (e) 脊毛 등에 대해서 설명하고자 한다.

2.

무녕왕릉 석수 철제각의 형태를 살펴보면 매우 특이하다. 머리에서 등뒤로 중간쯤까지 길게 연장되어 있는데 그 길이는 약 12cm이다. 평편한 철판의 상변에는 세 개의 융기가 있고 가늘어진 末尾에는 둥근 방울을 달고 있는 것처럼 원형으로 끝나고 있다. 이와 유사한 형태를 가지고 있는 유물로서 무녕왕릉에서 같이 출토된 單龍鐶頭刀에 부조된 용의 두각을 예로 들 수 있을 것 같다. 이에 대해서 주1)의 보고서에서는 다음과 같이 설명하고 있다.

(7) 單龍鐶頭刀 1個(圖版 44, 81)

全長 약 82cm, 柄長 22cm

왕의 좌측에 놓여있었으며 柄頭가 銙帶와 거의 동고위치에 있었다.

교 백제연구소.

柄頭는 금동으로 만든 環內單龍頭이며 鷄冠과 같은 三頭長尾의 뿔의 끝이 環內側에 접하고 내민 혀끝이 역시 環에 닿고 있다. 환에는 一身兩頭의 용이 머리를 하향하여 부각되어 있다.

이 환과 접하는 柄 상단에는 銀製透彫의 장식대가 있으며 거기에 4개의 六角龜甲形과 그 안에 각 한 마리씩의 봉황이 배치되어 있는데 그 모습은 慶州飾履塚 出土의 飾履에 나온 문양과 酷似하다.

그림 1-3-2 『武寧王陵』圖版 44-2
龍鳳文環頭大刀 상부

이러한 龍頭環頭刀는 漢, 三國, 六朝初期의 素環 또는 三葉形 環의 다음을 이어 5세기부터 나타나는 형식이며 單龍環刀는 우리나라에서는 발견예가 희소하나 일본에서는 성행한 형식이다.3)

이 龍頭環頭刀와 관련된 논문으로 穴澤和光・馬目順一의 「龍鳳文環頭大刀試論」4)을 들 수 있다. 그는 무녕왕릉에서 출토된

---

3) 주1) 23쪽.
4) 穴澤和光・馬目順一, 1976, 「龍鳳文環頭大刀試論」, 『百濟研究』 제7집, 忠南大學校 百濟研究所, 229~263쪽.

單龍鐶頭刀를 비롯하여 한국과 일본에서 보유하고 있는 鐶頭刀 30종을 실측·보고하고 있는데 대부분이 용과 봉의 문양이 부조되어 있다. 그 중에서 무녕왕릉 출토 鐶頭刀 내의 두각과 유사한 것으로는 경상남도에서 출토되었다고 전하는 小倉 Collection 3호도[5]를 예로 들 수 있다. 이것은 용문이 부조된 환도인데 용의 두각이 3개 융기되어 있는 형태로 조각되어 있으며, 끝이 동그랗

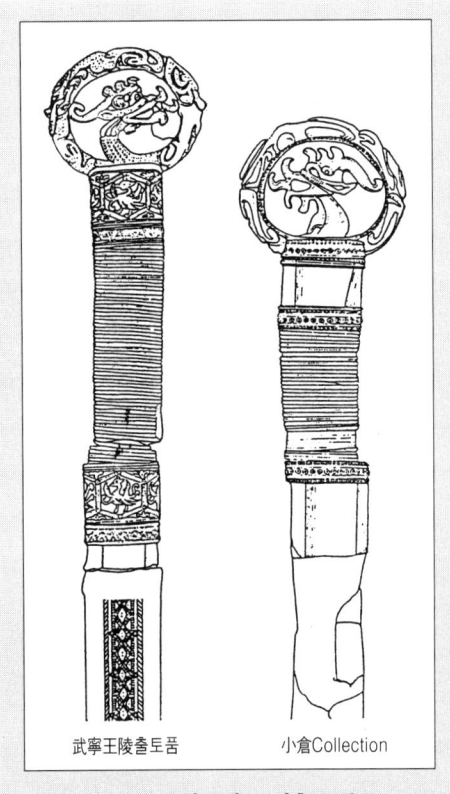

武寧王陵출토품   小倉Collection

그림 1-3-3 환두대도 실측도(주4) 논문 전재)

게 처리되어 있는 점이 무녕왕릉 석수의 철제각과 유사한 형태이다. 따라서 무녕왕릉 내 석수의 철제각은 용의 두각에서 착상하여 제작한 것이 아닌가 한다. 그러면 '용'이란 무엇인가 다음에 살펴보기로 하겠다.

『한국어대사전』에 의하면 용은 관념상 동물 중의 하나로 중국, 인도 등지에서 옛날에 있었다고 하는 파충류로 뱀과 흡사하

---

5) 주4) 240쪽. 제4도 龍鳳文環頭大刀集成 (4) 18.

며 등에는 81개의 비늘이 있고 네 개의 발에는 각각 5개의 발가락이 있다고 전한다. 2개의 뿔은 사슴에 눈은 귀신에, 귀는 소에 가깝다고 하며 깊은 못이나 바다에 잠기어 있다가 때로는 자유로 공중을 날아 구름과 비를 몰아 풍운조화를 부린다고 하는데 중국에서는 기린·거북·봉황과 함께 상서로운 四靈으로 불린다 한다.6)

『康熙字典』에 의하면 용은 鱗蟲之長으로 能幽, 能明, 能細, 能巨, 能短, 能長하며 춘분에 등천했다가 추분 때 潛淵한다고 한다. 그리고 有鱗을 蛟龍, 有翼을 應龍, 有角을 虯龍, 無角을 螭龍, 승천하지 않은 용을 蟠龍이라고 하며 용은 귀가 없이 들을 수 있는 고로 용이라고 하며 (龍耳虧聰故謂之龍) 용은 군왕에 비유한다고 한다.7)

용에 대한 위의 기록으로 미루어보면 용은 추상적인 신령스러운 파충류로 뿔과 날개가 있을 수도 있고 없을 수도 있으며 구름과 비를 몰고 다니는 조화를 가지고 있으며 흔히 군왕에게 비유하고 있다.

그래서인지 군왕과 용과는 관련된 말이 많이 있다. 군왕의 얼굴을 용안이라 하고 군왕의 보좌를 용좌라 하며 군왕의 수레를 龍駕로, 군왕이 입는 도포를 袞龍袍라고 부르는 것이 그 예라 하겠다. 이와 같은 명칭만이 아니라 실제로 무녕왕릉 출토 單龍環頭刀 내에는 용이 부조되어 있고 왕비 것으로 알려진 多利作銀製釧 외면에도 혀를 길게 내민 三爪의 용 2마리를 부조하고 있

---

6) 『한국어대사전』「용」조, 1976, 한국어대사전편찬위원회, 현문사, 1227~1228쪽.
7) 『康熙字典』券25「龍部」條.

제 1 편 武寧王陵

다. 따라서 군왕과 용은 밀접한 관계가 있음을 시사해주고 있다.

용에 대한 기록은 周易 乾卦에 많이 나온다. 건괘 初爻에「潛龍勿用」, 二爻에「見龍在田」, 四爻에「或躍在淵」, 五爻에「飛龍在天」上爻에「亢龍有悔」라고 한 예가 그것이다. 이것은 潛龍이 見龍, 躍龍, 飛龍, 亢龍이 되는 용의 발전과정을 말하는 것으로서 인간을 용에 비유하고 그 발전해나가는 모습을 기록한 것이다.8)

初爻의 물 속에 잠겨 있는 용과 四爻의 연못에서 뛰쳐나온 용은 용이 물 속에 잠겨 있을 때와 연못에서 뛰쳐나와 약동하는 모습을 기록한 것으로서 이것은 용이 물과 밀접한 관계가 있음을 시사해주는 것이라고 하겠다.

또한 용은 구름이나 비와 더불어 불가분의 관계가 있는 것으로 보인다. 周易 乾卦 文言에「雲從龍」,「風從虎」라고 한 말은 용이 가는 곳에는 구름이 따라가게 마련이요, 범 가는 데는 바람이 따라다니게 마련이라는 것이다. 또한 건괘 象辭에는「雲行雨施 品物類形」한다고 하였으니 이 말은 구름이 떠올라서 비가 내리므로 천하만물이 육성하게 된다고 하는 말로 건괘의 용덕을 찬양해서 한 말이다.

백제왕 가운데 용과 관련된 기록이 있는 왕으로는 30대 무왕을 들 수 있다. 무왕의 어머니는 일찍이 과부가 되어 서울 남쪽 연못가에 집을 짓고 살았는데 그때 그 연못의 용과 관계해서 璋(무왕)을 낳았다고 한다.9) 신라에서는 왕이나 왕비가 용과 더불어 관련된 기록이 많이 나온다. 沙梁里 閼英井가에 雞龍이 나타

---

8) 『주역』을 程子는 인사로 해석하고, 주자는 卜筮로 해석하고 있는 바 필자는 전자의 해석에 따른다.
9) 『三國遺事』卷2, 武王 條.

나 왼쪽 겨드랑이에서 용녀를 낳았다고 하는데 이가 곧 朴赫居世의 왕비가 되었다고 하며10) 또 脫解는 鷄林에 처음 도착해서 "나는 본래 龍城國 사람인데 우리나라에는 23용왕이 있어서 모두 사람으로 태어나 왕위에 올랐다"11)고 하였다. 문무대왕은 자신이 죽고 난 다음에 호국대룡이 되어서 불법을 숭봉하고 국가를 수호하겠다고 한 바 있다.12) 이에 대하여 神文王 때 日官은 聖考(文武王을 가리킴)께서 海龍이 되시어 삼한을 수호하고 계심이 틀림없다고 말하면서 利見臺에 행차하시게 되면 용으로부터 옥대를 받으시게 될 것이라고 권하여 행차를 하였던 바 과연 그대로 옥대를 얻게 되었다. 이 옥대는 모두 진룡으로 되어 있어서 그 중에 하나를 떼어 시냇물에 담그니 용이 되어 승천하였고 그 땅은 연못이 되었으므로 龍淵이라고 부르게 되었다고 하며 萬波息笛도 이때 얻게 되었다고 전한다.13) 제24대 진흥왕은 즉위 14년 癸酉(553) 2월에 대궐을 용궁 남쪽에 지으려 하였는데 황룡이 그 곳에 나타났으므로 이를 고쳐서 절로 삼고 황룡사라고 하였으며14) 동 구층탑의 연기설화에 황룡사의 호법룡은 나의 맏아들인데 그는 梵王의 명령을 받고 그 절에 와서 비호하고 있으니 그대(慈藏法師)가 본국에 돌아가서 절 안에 구층탑을 이룩하면 이웃 나라들이 항복해온다고 하는 文殊菩薩의 말씀을 듣고 탑을 세우게 되었다고 전한다.15) 皇은 黃과 같은 뜻으로 해석되고 있

---

10) 『三國遺事』 卷1, 新羅始祖 赫居世王 條.
11) 『三國遺事』 卷1, 脫解王 條.
12) 『三國遺事』 卷2, 文武王 法敏 條.
13) 『三國遺事』 卷2, 萬波息笛 條.
14) 『三國遺事』 卷3, 皇龍寺.
15) 『三國遺事』 卷3, 黃龍寺 九層塔 條.

다.16)

　무녕왕릉 석수 철제각을 다시 한번 살펴보면 위에서 언급한 바와 같이 상변에 3개의 융기가 있으나 하변은 매끄럽게 처리되어 있고 말미는 둥근 방울을 달고 있는 것처럼 원형으로 처리되어 있다. 이와 같이 철제로 끝을 동그랗게 처리해서 만들어 꽂은 것은 석수가 왕릉밖에 있지 않고 묘지 내에 있기 때문에 외부의 동정을 알고자 함에 造化無雙한 용의 두각역할을 기대해서 만들어 꽂은 것 같으며 용은 귀 없이도 듣는다고 하였고, 후세의 기록이기는 하지만 용은 귀가 없고 뿔로서 듣는다(龍身無耳, 以聽其角)17)고 하니 아마도 이와 같은 생각에서 철제각을 만들어서 꽂은 것이라고 짐작된다. 말하자면 방안에서 밖의 세계를 매개해 주는 안테나 역할을 기대한 것으로 보인다. 이에 대해서 이정호는 訓民正音의 구조원리를 밝히는 가운데서 무녕왕릉 석수를 신수로 한 차원 높여서 생각하고 다음과 같이 논하고 있다.

　……개미는 촉각으로 방향을 알고, 코뿔소는 그 뿔에 의해 천기를 알며 백제 무녕왕릉의 현실을 지키던 神獸(일종의 '스핑크스'라고 생각됨)는 코에 달린 장치로 인해 외부의 침략을 예지했던 것이라고 생각된다18)고 풀이하고 있다.

　무녕왕대를 전후한 4세기 후반에서 5세기 전반에 이르는 시기는 백제의 문화가 고도로 발달했던 시절이다. 백제에서 발달된 불교문화와 유교문화가 일본에게 전수된 사실을 예로 들면 다음과 같다. 繼體天皇 7년(癸巳) 6월에는 백제에서 五經博士 段楊爾

---

16) 詩傳 集註 卷之二十 魯頌四之四, 有騘有驖 註黃白曰皇.
17) 張混, 兒戱原覽, 26쪽(活字本古書, 忠南大學校 圖書館所藏, 年代未詳).
18) 李正浩, 1975, 『訓民正音 構造原理』, 亞細亞文化史, 63쪽.

를, 동 10년(丙申)9월에는 五經博士 高安茂를 보냈으니 무녕왕 13년(513)과 16년(516)의 일이다. 일본서기 欽明紀에 의하면 14년 (癸酉) 6월에 醫博士, 易博士, 曆博士 등의 교체를 요구한 일이 있고, 翌 15년(甲戌) 2월에는 五經博士 王柳貴를 보낸 일이 있으며, 그후 34년인 崇峻元年에도 전·후 2차에 걸쳐 승려, 불사찰의 派送과 그밖에 寺工, 철제박사 등을 파송한 일이 있다. 이와 같은 사실은 고도로 발달했던 백제학술 수준을 입증해주는 자료라고 하겠다.19)

오경이라 함은 易, 詩, 書, 禮, 春秋를 가리키는 말이므로 백제사회에는 이미 역경에서 말하는 조화무쌍한 용덕을 충분히 소화하고 있었으리라고 짐작이 간다.

尹·李 양교수도 무녕왕릉 석수를 단순한 진묘수로 보지 않고 한 차원 높여서 '신수'로서 호칭하였음은 당연한 일이라 하겠으니 무녕왕릉 석수의 제작은 깊은 철학적 의미를 가지고 제작된 것 같다. 그런 의미로 볼 때에 석수의 철제각은 물소 모양을 한 신수에 신령스럽다고 생각되는 용각을 부착한 것으로 추리된다. 그렇다고 하면 신수 몸통에 부조된 도식도 재고해야 할 것이다. 즉 절제각을 용의 두각에 초점을 맞춰 생각할 수 있다고 한다면 석수에 부조된 도식도 용과 관련시켜서 생각해볼 수 있을 것 같다. 위에서 언급한 윤무병의 논문 (d)에서 무녕왕릉 석수는 長毛呈翼形의 변형으로 된 兩翼이 있다고 설명하고 있다. 이것은 중국의 墓前石獸(天祿辟邪)와 鎭墓獸를 신수로 표현하는 가장 효과적인 방법으로 뿔과 兩翼을 필수적인 조건으로 해서 보는 견

---

19) 이병도, 1971, 「百濟學術 및 技術의 日本傳播」, 『百濟硏究』 제2집, 충남대학교 백제연구소.

해이다.

　이것은 석수 몸통의 부조를 도식화된 익형으로 본 해석이지만 날개의 형상과는 거리가 먼 도식이고 오히려 뭉게뭉게 피어오르는 구름의 모양처럼 보인다. 용은 구름을 몰고 다닌다고 하는 말과 일치되는 도식이라고 할 수 있다.

　또한 위의 논문 (e) 脊毛에서는 석수의 등에 있는 4개의 융기를 수신의 鬣毛 또는 體毛를 조각적으로 나타내기 위한 표현으로 보았고 주1)의 보고서에서는 鞍具의 복륜 같은 융기라고 보고 있다. 이것도 용의 두각과 관련시켜서 생각해본다면 달리 해석할 수 있을 것 같다. 위에서 이미 언급한 바와 같이 용은 비와 연못 등 물과 깊은 관계를 가지고 있다. 연못에 잠겨서 힘을 기르는 용, 힘을 기른 용이 세상에 나와서 약동하는 모습을 『周易』 乾卦에 묘사되어 있다. 또한 구름을 몰고 오고 비를 내리게 하여 천하만물이 자라난다고 하여 용덕을 찬양하고 있다. 그렇다면 신수의 등에 있는 4개의 융기를 용이 잠겨 있을 때의 연못의 파도나 물결로 봄이 어떠할 지 조심스럽게 생각해보는 것이다. 그 물결의 한 줄기는 신수 몸통 전면에 있는 구름과 연결되어 있는데 이것은 구름이 상승하여 비가 내리고 물결로 된 표현의 수단이 아니었을까 생각된다. 이 신수는 전체 형태로 보아 물소에 가까운 형태를 하고 있으므로 물과 더욱 깊은 관계를 가지고 있다고 짐작되며, 물 속에 있는 물소와 무녕왕릉 내에 있는 신수의 위치는 지중과 수중이라는 비슷한 위치라고 하는 공통점을 가지고 있다.

3.

　이제까지의 내용을 정리해보면 대략 다음과 같다.
　앞에 인용한 주1), 주2)의 보고서 및 논문은 무녕왕릉 석수의 기원이 漢代이래 분묘 앞에 세우는 벽사의 석사자나 묘 내의 진묘수 등과 상통하는 것이라고 보고 一角獸에 해당된다고 하였다. 주2)의 내용은 분묘 내의 羨道 중앙에 있었던 진묘수라고 단정하고 석수의 특징이 석제품이라고 하는 점, 四脚佇立의 우형에 가까운 진수라고 하는 점 그리고 유각, 유익, 척모가 있는데 한·진대의 고식전통을 고수하고 있는 점 등을 예로 들고 있다. 이와 같이 고고학과 미술사적 입장에서 무녕왕릉 석수를 해석하고 있지만 有角條에서는 이러한 기발한 생각이 어디에서 나왔는지 모르겠으며 또한 백제미술에 의한 소산인지, 외래적인 요소인지 쉽게 짐작할 수 없다고 하였다. 이와 같이 쉽게 짐작할 수 없는 몇 가지 문제에 대해서 다음과 같은 다른 해석을 얻을 수 있을 것 같다.
　첫째로, 무녕왕릉 석수는 공상적인 신수로 제작되었기 때문에 꼭 소, 또는 돼지라고 단정하기는 어려우나 몸체는 대체로 물소 형태로 보면 무리가 없을 것 같다.
　둘째로, 무녕왕릉 신수의 특징 중의 하나는 두각에 있다. 두각은 철제로 만들어서 꽂았는데 철제각의 상변에는 3개의 융기가 있고 가늘어진 말미는 원형으로 처리되어 있다. 이것을 수지형이라고 하였는데 이는 피상적인 관찰이 아닌가 한다. 이와 같은 유형은 같이 출토된 왕의 單龍環頭刀 안에 부조된 용의 두각과 같은 형태이며 小倉 Collection 3호도의 용각과도 유사한 형태이다.

용은 상상적인 신수로 알려져 있으며 군왕과 밀접한 관계가 있어 양자가 관련된 어휘나 전설이 많이 전해 내려오고 있다. 또한 비와 구름을 몰고 다니는 조화를 가지고 있는 신수로 알려져 있다. 따라서 무녕왕릉 신수의 철제로 된 두각은 용의 두각에서 착상하여 만들어 꽂은 것으로 짐작된다. 왕릉 안에 있으면서 외부의 동정을 알고자 하면 신령스러운 용의 두각을 모방해서 꽂는 것이 필요하였다고 판단한 것이 아닌가 한다. 鐵製로 번개같은 양식을 만들어서 머리에 꽂은 것은 오늘날 우리들이 실내에 사용하고 있는 안테나의 역할을 기대한 것이라고 하겠다. 두각말미의 원형처리는 하늘이 둥글다고 하는 원리를 본받아서 만들었고 神獸의 몸통은 땅을 상징하는 물소를 본받아서 네모나게 만들었다고 생각된다. 그리고 神獸의 사각은 앞에서 보거나 옆에서 보거나 포개어져 보이는 ∧형(각형)이므로 대체로 '人'자형이다. 따라서 무녕왕릉 신수는 역학의 원리라고 할 수 있는 三才原理(天・地・人)의 의미를 내포하고 있는 것으로 풀이할 수 있다.

셋째로, 무녕왕릉 神獸에 부착된 철제각을 신령스럽다고 생각되는 용의 두각에 比定할 수 있다고 하면 神獸의 동부에 부조된 도식은 용과 밀접한 관계가 있다고 전하는 구름과 물결로 해석해야 옳을 것으로 생각된다. 고고학적 고찰과 미술사학적 견해에서 兩翼形이나 鬃毛形을 도식화해서 제작하였다고 볼 수도 있으나 차원을 높여서 무녕왕릉 석수를 신수로 보는 철학적인 고찰도 있을 수 있다고 하면 철제각은 용의 두각에 비정할 수 있고 동부에 부조된 도식은 구름에 비유할 수 있으며, 등에 있는 4개의 융기된 문양은 파도나 물결을 상징해서 제작된 도식이 아닌가 한다. 무녕왕릉 신수의 제작은 중국의 진묘수에서 그 기원을 찾아볼 수 있겠지만 이것은 단순한 모방이 아니고 백제사상화 내지는 문화화해서 제작된 깊은 철학적 의미를 가진 백제의 독창적인 작품이라고 할 수 있다.

04

武寧王陵 出土 童子像에 대하여

1.

   1971년 7월 5일 작업 중 우연히 발굴된 백제 무녕왕릉은 국내외 학계에 적지 않은 파문을 던져주었을 뿐만 아니라 백제사연구에도 획기적인 이정표를 열어준 큰 성과였다고 할 수 있다.
   연대가 확실한 왕과 왕비의 지석을 비롯하여 총 88종 2,561점이 출토되어서 학계의 주목을 끌었고, 나아가서 세인의 이목을 집중시켰던 것이 사실이다.
   이 글에서 고찰하고자 하는 '동자상'도 무녕왕릉에서 출토된 유물 중의 하나인데 유리제품인 조그만 동자상은 값진 다른 유물들의 위세에 밀려나서 소외된 채로 현재까지 내려온 것이 사실이며, 무녕왕릉에 대한 종합적인 조사보고서라고 할 수 있는 무녕왕릉 조사보고서조차도 동자상에 대한 설명은 다음 한 줄에 불과하였다.

'Her garment was leden all sort of beads and a pair of tiny boy statuettes made of glass were suspended from her decayed fabric belt.'1)

즉 무녕왕릉에서 출토된 동자상은 1쌍이며 왕비의 썩은 비단 허리띠에 달려 있었다고 한다. 또 일본에서 출간된 김원룡의 저서 『무녕왕릉』에서는 다음과 같이 좀더 자세하게 설명하고 있다.

「9. ガラス童子像二箇 高 2.5cm
王妃の腰あたりから二箇發見されているが, 一箇は破損している. 綠色のガラスで丸坊主の頭に目鼻口を線刻で現わし, 兩手を. 前で平にあわせ, 長めの土着にだぶだぶの袴をきている. 祈福. 辟邪か王子を産むためのまじない具であるらしい。」2)

즉 왕비의 허리 부근에서 발견된 2개의 동자상 중 1점은 파손되어 있었다고 하며 기복, 벽사 혹은 왕자생산을 위한 주물 도구일 것이라고 추정하고 있다.
이와 같이 동자상은 2편에 걸쳐서 모두 김원룡에 의해 간략하게 설명된 것이 전부이므로 이 글에서는 먼저 고고학적으로 동자상에 대한 고찰을 통하여 그 실체를 알아보고, 나아가서 불가, 유가, 도가에서 보는 동자상을 통해서 무녕왕릉 동자상에 대한 성격을 규명해보고자 한다.

---

1) 『무녕왕릉』, 1974, 문화재관리국, 280쪽 30~31행.
2) 김원룡, 1979, 『무녕왕릉』, 일본 近藤出版社, 65~66쪽.

2.

 높이 2.5cm의 녹색 유리제 동자상 2점은 하나는 완전한 채로 남아있고 하나는 반파되어 있다. 2점 모두 산화되어서 변색되어 있는데 반파된 동자상의 산화가 더 심하다.

 완형동자상을 살펴보면 머리카락은 하나도 없이 동그랗고 눈, 코, 입, 귀가 선각으로 뚜렷하게 나타나 있다. 두 손은 앞으로 가슴과 배 사이에 대고 있으며, 손의 형상은 좀 도톰하게 만들어서 손을 표시하고 있고 손가락은 가운데 2선을 그어서 도합 3개의 손가락을 나타내고 있다. 전체 신장이 2.5cm로 작기 때문에 더 섬세하게 표현할 수 없었던 것 같다. 목과 허리부분은 몸통보다

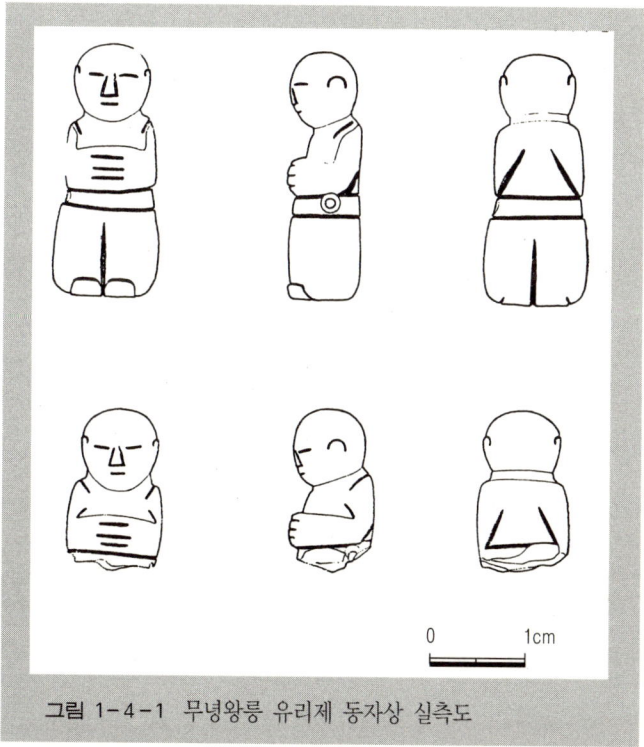

그림 1-4-1 무녕왕릉 유리제 동자상 실측도

제 1 편 武寧王陵

가늘게 만들어져 있으며, 두툼한 허리띠를 띠고 있는 굵은 선이 허리에 보인다. 여기에 허리 부분을 관통하는 구멍이 뚫어져 있다. 몸통에 비하여 구멍은 비교적 큰 편이다.

아래 부분은 윗부분보다 좀 굵은 편이며 중앙에 상하로 선이 그어져 있는 것을 보면 바지를 입고 있는 형상을 표현한 것으로 보인다. 위 저고리의 선은 잘 나타나 있지 않으나 동자상 뒷모습의 사진을 보면 양팔의 선을 나타낸 것으로 보아서 저고리를 입고 있었던 것으로 보인다. 즉 이 동자상의 의복은 長襦大口袴라는 말로 표현할 수 있다.

아래 부분의 발은 도도록하게 앞으로 내밀어져 있으며 신발을 신고 있는 모습인 듯 발 앞쪽이 좀 들어져 있다. 발바닥 부분은 평평하게 만들어져 있어서 비록 작은 동자상이지만 잘 서게 되어 있다. 그러나 허리에 뚫린 구멍은 몸체에 비해 큰 편이며 실을 꿰어서 매달았을 때 아래보다 위가 무거운 듯 머리 부분이 거꾸로 매달리게 되는 것으로 보아서 매달기 위해 만들어진 동자상이 아니고 몸에 붙이거나 어떤 물건에 부착시키기 위해 만들어진 것으로 보인다.

반파된 동자상은 허리에 뚫린 구멍 부분이 부러졌는데 이, 목, 구, 비의 조각한 선이 완형보다 조잡하며, 산화도 더 심하다. 완형동자상과 파손된 동자상의 크기를 비교해보면 다음과 같다.

	신장(cm)	중량(g)	머리(cm)	목(cm)	가슴(cm)
완형동자상	2.5	3.4	0.8	0.63	0.88
파손동자상	1.6(반파)	1.7	0.8	0.68	0.9

다음은 완형동자상과 파손된 동자상의 무게와 부피를 비교해 보고 나아가서 같이 출토된 유리제곡옥과의 비중도 비교해보고자 한다.

	무게(g)	부피(cm^3)	비중
완형동자상	3.4	1.55	2.19
파손동자상	1.7	0.75	2.27
유리제곡옥	7.9	3.4	2.32

이상의 자료를 가지고 완형동자상과 반파동자상을 비교해보면 전장이 비록 2.5cm의 동자상이지만 머리, 목, 가슴 등의 크기가 거의 같은 것으로 보아 전체적으로도 같았을 것으로 보인다. 다만 파손된 동자상의 잔존부분이 큰 데 비해 중량은 완형동자상의 반밖에 안되는 것으로 미루어 파손된 동자상이 좀 가벼웠을지도 모른다.

한편 완형동자상과 파손된 동자상의 비중은 2.19 : 2.27로 거의 비슷하다. 또한 유리제 곡옥의 비중도 2.32로 비슷한 것으로 보아서 동일성질의 유리제품으로 생각된다. 따라서 유리곡옥과 동자상의 제작지는 동일하며 양자 모두가 우리나라에서 생산된 것으로 짐작된다.

3.

다음은 불교적 입장에서 고찰해보고자 한다.

불상에는 化生佛과 誕生佛이 있다. 불신도들은 사후의 세계에 부처님이 거처하고 있는 정토의 세계를 확신하고 있었기 때문에 그 정토세계에 피는 연화에 탄생하든지 또는 天空에 떠 있는 연화 속에 태어나는 것이 그들의 소원이었다. 화생불이라 함은 바로 이 서방정토세계의 연화에서 태어난 부처님을 의미하는 것인데 이와 관련된 설명을 吉村 怜이 무녕왕릉에서 출토된 왕비목침도상과 중국 龍門石窟의 北魏窟 天井에 조각된 도상을 관련시켜 발표한 내용을 인용해보기로 하겠다.

「즉 왕비의 목침에는 구갑형으로 구획된 공백에 각각 십자형으로 꽂핀 연화(A), 두부에 蕾形의 것을 붙여 異形의 동체를 지닌 變化生(B), 流雲에 타는 天人(C)들의 여러 가지 도상이 보이는데, 흥미 있는 것은 이들이 용문석굴의 북위굴 천정에 조각된 도상과 일치하고 있다는 점이다.

이들 도상은 天人(비천상)이 탄생하는 과정을 묘사한 것으로 옛날부터 인도불교의 四生(化, 胎, 卵, 生)의 하나인 화생 (성자가 순간적으로 무로부터 유를 낳는 것과 같이 탄생한 것) 의 과정을 표시하는 것이다. 용문석굴의 탄생과정은 천연화(A)로부터 변태하여 변화생(B)과 탄생의 순간인 화생(B')에서 다시 성장하여 천인(C)으로 변화한 것이다. 이것은 알—유충—번데기—성충으로 변화하는 나비의 羽化과정과 흡사한 것이다. 그리고 천인이나 변화생의 밑에는 구름이 있는데 그러한 변화과정의 도상화는 중국적 표현법이라고 볼 수 있다.

당시의 불교도들은 사후의 세계로서 佛이 거처하는 정토의 실재를 확신하고 있었다. 그리하여 그 정토에 다시 왕생하여 불을 만나 문법할 것을 염원하고 있었으며 불의 정토로 아미타불이나 미륵불의 정토가 있는 것과 같이 서로 다른 정토를 상상하고 있다. 따라서 그 세계에 피는 연화 속에 태어나는 것이 그들의 절실한 염원이었다.」3)

그림 1-4-2 무령왕비목침(우)과 중국용문석굴에 보인 천인화생과정

즉 吉村은 무령왕비 목침도상이 중국 용문석굴의 천정도상과 유사하여 백제문화가 중국 남조의 영향만 받은 것이 아니고, 북위의 영향도 받았다고 주장하고 그 도상에 유운문이나 연화문을 많이 사용하고 있음은 시방정도에 게시는 아미타 부처님의 세세에 태어나는 것이 불신도들의 소원이었음을 말하는 것이라는 것이다. 따라서 불신도들은 서방정토세계의 연화나 천공에 떠 있는 연화 속에 탄생하는 것이 소원인 까닭에 이들 문양을 많이 사용하고 있는 것이 사실이다.

이러한 蓮上의 화생을 도상으로 하는 예는 고구려 三室塚 第二室西南隅 第一層 持送壁畵와 感恩寺 동자상에서도 찾아볼 수

---

3) 吉村 怜, 1975, 「무녕왕릉목침도상」, 한국일보.

있다. 감은사에서는 奏樂하는 동자상이 발견되었는데 이에 대해서 동 보고서의 설명을 인용하여 보기로 하겠다. 즉

「이들 주악하는 좌상의 천인들과 함께 기단 상면에는 또한 종류의 보기 드문 조각들이 배열되어 있었다. 그것은 결이 나서 금이 가기 쉬운 녹색의 灰質을 사용해서 만든 조그만 동자상들인데 연화로 생각되는 꽃을 밟고 서 있었다(圖版 五-1 Fig. 48). 꽃 밑에는 좌우로 벌어지는 잎사귀가 있어 원래는 여기에서 동자상 양편에 걸쳐 꽃이 핀 나뭇가지 같은 것을 만들어놓았던 것 같다. 앞 반면만을 조각하고 뒤쪽은 판판하게 다듬어 놓은 채 그대로 남겨 놓았으며 크기는 연화까지 합쳐도 2.8cm가 될까 말까하는 작은 물건들이다. 맨 밑에 돌기를 만들어 기단 상면에 뚫어놓은 小孔에 꽂아서 세우게 하였다. 그 위치는 탑형주위사면의 중앙에 하나씩 구멍을 뚫고 있었다. 이들 동자상은 제각기 여러 단편으로 쪼개져 있었기 때문에 어느 부분에 붙는 장식인지 알 수 없었다. 그러나 그들을 맞는 것끼리 붙여보았더니 모두가 연꽃을 밟고 선 동자상임을 알게 되었고, 또 그 밑에 돌기가 달려 있어서 어떤 장소에 꽂아 세웠던 장식이라는 것을 알게 되었다. 결국 이들은 기단 상면의 소공에서 절단된 돌기의 밑부분이 검출됨으로써 그 위치는 확인하였으나 파손이 심하여 완전한 원형을 알아내지 못했으며 그 방향도 탑형을 향하고 있었는지 또는 밖을 향해 세워놓았었는지 알 수 없으나 도면에는 일단 밖을 향한 것으로 그려놓았다.」[4)

즉 감은사에서 발견된 동자상은 연꽃 위에 있는 것으로서 전술한 왕비목침의 도상이나 운강석굴의 유운도상보다 무녕왕릉출토의 동자상과 일보전진된 유사한 느낌을 준다. 그러나 무녕왕릉 동자상은 연꽃이 없고 형상도 서로 다르다.

---

4) 감은사보고서 78, 79頁, Fig. 48 동자상실측도.

다음은 불교의 탄생불에 대해서 中村 元의 설명을 알아보기로 하겠다.

「탄생불이라 함은 灌佛會의 본존을 말하는 것인데 석가세존이 마야부인의 右脇에서 태어나서 七步를 전진한 다음 右手로는 천상을 가리키고 좌수로는 지상을 가리키며 「天上天下唯我獨尊」이 라고 한 모습을 묘사한 것인데 대부분 금동불로 甘茶를 받고 있는 灌佛盤을 수반하고 있다」5)

고 한다. 다시 水野淸一의 설명을 보면

「탄생불은 어디서나 볼 수 있는데 독립된 상으로서는 조선에 제일 많다. 삼국말 즉 6~7세기의 교체기에 많은 금동불상이 제작되었는데 그 모습은 반나체로서 천상과 천하를 가리키며 울부짖는(獅子吼) 광경을 나타내고 있는 것이 보통이다」6)

라고 하여 삼국시대에 많은 금동불이 제작되었으며 반나체에 천상천하를 가리키고 있는 모습이 보통이라는 것이다. 이와 같은 불상연구에 대한 국내의 대표적인 저서로서는 황수영의 『불상과 한국불교의 연구』를 들 수 있다. 이 저서에는 한국불교조각미술의 대표적인 논문이 수록되어 있으나 무녕왕릉 동자상과 같은 유형의 유물과 설명은 없다.

동자상과 직접 관련된 유물은 위에서 제시한 예 중에는 없으나 동자와 관련된 내용은 화엄경에서 찾아볼 수 있으니 五百童子와 童女 이야기가 그것이다. 5백 동자의 이름은 善財童子, 善

---

5) 中村 元, 1975, 『佛敎語大辭典』 하권, 탄생불조, 東京書籍, 941쪽.
6) 水野淸一·小林行雄 공저, 1972, 『고고학사전』, 탄생불조, 636쪽.

行童子, 善戒童子, 善威儀童子, 善精進童子, 善心童子, 善慧童子, 善覺童子, 善眼童子, 善臂童子, 善光勝童子 등이며, 5백 동녀의 이름은 善行童女, 跋陀羅童女, 悅樂顏童女, 堅固慧童女, 妙光德童女, 勝體童女, 梵天與童女, 功德光童女, 善光明童女 등이 있다고 한다. 5백 동남 중에 특히 선재동자에 대한 얘기가 문수보살에 의해 많이 거론되고 있으니 그 내용은 문수보살과 선재동자의 연기설로 시작되고 있는데 선재동자가 深種善根, 常樂淸淨, 近善知識한 인연으로 문수보살께서 선재동자를 어여삐 보시고 諸佛正法을 설법하였다는 것이다. 선재동자는 이를 깨닫고 불법을 연구하여 득도한 후 제도중생하는 내용으로 되어 있다.7) 이곳에서는 문수보살의 설법이 선재동자를 통해서 이루어지는 인연을 가지고 있는 데 주목이 된다.

무녕왕릉 동자상과 모습이 닮은 동자상이 일본 唐津市 鏡神社에 소장되어 있는 楊柳觀音圖像8) 옆에 있다. 이 동자상은 앳띠고 어여쁘다. 이 동자의 모습은 불가에서 이상형으로 생각하는 동자의 모습으로 볼 수 있으니 천진무구한 그 모습은 속세를 해탈한 선하고 참된 인간의 모습을 그림으로 나타내준 것 같다. 그런데 선재동자나 양유관음도상 옆에 있는 동자상은 挾侍佛이 아니고 구법동자라고 하는 데에 그 특징이 있다.

---

7) 『大方廣佛華嚴經』, 卷45-46, 688~689쪽.
8) 日本 佐賀博物館 唐津市 鏡神社 所藏, 楊柳觀音圖像 참조 志佐惲彦 제공.

4.

다음은 유교적 입장에서 동자상을 고찰해보고자 한다.

일찍이 유교적 영향을 받아서 동자상이 제작되어 전해져 내려 오는 유물이 없어 동자와 관련된 논문과 배경에 대해서만 고찰해보기로 하겠다. 동자상에 관련된 이정호의 견해를 예로 그 내용을 간추려서 소개하면 다음과 같다.

동자상을 보면 머리와 배와 다리로 구성되어 있음을 알 수 있다. 즉 圓, 方, 角으로 삼분되어 있다. 이것은 천원지방의 원리에 인간이 떠받치고 활동하는 모습으로 해석할 수 있다. 우주도 원, 방, 각의 삼대원리로 되어 있고, 인간도 머리, 배, 다리가 원, 방, 각의 삼재원리로 되어 있다. 이것을 원리로 해서 천하만물이 성립되어 있기 때문에 훈민정음이나 우리가 일상생활에 사용하고 있는 TV수상기조차도 만들어져 사용되고 있는 것이다.

이에 대한 원리성명을 역학에서는 三才原理라고 설명하고 있으니,

「易之爲書也, 廣大悉備, 有天道焉, 有人道焉, 有地道焉, 兼三才而兩之, 故六, 六者非他也, 三才之道也」9)라고 한 것이 그것이며,

「昔者, 聖人之作易也, 將以順性命之理, 是以立天之道曰陰與陽, 立地之道曰柔與剛, 立人之道曰仁與義. 兼三才而兩之故, 易六畫而成卦, 分陰分陽, 迭用柔剛故, 易六位而成章」10)라고 한 것이 그것이다.

---

9) 『周易』 繫辭 下 第10章.
10) 『주역』 繫辭 說卦傳 第2章.

「蒙 亨, 匪我求童蒙, 童蒙求我, 初筮告, 再三瀆, 瀆則不告, 利貞」11)
즉 천진무구한 어린이는 하나님의 은총을 받아 만사형통하게 되어 있으니 어린이를 교육함에 있어서는 먼저 신뢰감을 주어야 하며, 정도를 가르침이 이롭다는 것이다. 이 동자는 어리기 때문에 먹여야 크게 되어 있으므로 山雷頤卦와 직접 관련되어 있다. 이 설명은 생략하기로 한다.

어쨌든 유교에서의 동자관은 때묻지 않은 어린이 상의 前途는 양양하며 하나님의 은총을 받기에 합당하다고 보고 있으며, 동자상의 원리는 천, 지, 인 삼재원리에 두고 있음을 설명하여 주고 있다.

한편 도가에서도 童蒙 즉 동자에 대한 기록이 있다.

「古者, 民, 童蒙, 不知東西」12)라고 하여 천진무구한 국민을 동서남북도 구별할 수 없는 동자에 비유해서 언급하고 있다. 또한 사기에도 동남, 동녀에 대한 기록이 있다.

「旣已, 齊人徐市等上書, 言海中有三神山, 名曰逢萊, 方丈, 瀛洲, 僊人居之, 請得齋戒, 與童男女求之 於是 遣徐市, 發童男女數千人, 入海求僊人」13)

이것은 서시가 진시황제에게 상서한 내용으로서 삼신산에는 신선이 살고 있으니 동남, 동녀 수천 인을 데리고 가서 선인을 찾아 만나겠다고 하는 내용인데 도가에서는 신선을 매개할 수 있는 존재로 역시 천진무구한 동남, 동녀를 내세우고 있음을 알 수 있다.

---

11) 『周易』 上 蒙卦.
12) 淮南子 齊俗訓.
13) 『史記』 「秦始皇本紀」, 246쪽.

5.

　이상의 자료를 가지고 무녕왕릉 동자상에 대한 성격과 배경을 규명해보고자 한다.

　첫째, 두 개의 동자상은 무게, 크기 비중으로 보아서 거의 같은 크기로 판단되며 비중을 알아보기 위하여 샘플로 달아본 유리제 곡옥과 같이 산화되기 전에는 파랗고 투명할 정도로 아름다운 유리제품이었을 것으로 판단된다.

　둘째, 두 개의 동자상이 모두 허리에 구멍이 뚫려 있는 것으로 보아서 왕비의 허리에나 다른 패물과 함께 매달기 위해 만들어진 유물로 보인다. 완형동자상을 실을 꿰어서 매달아본 결과 위가 무거워서 거꾸로 되는 것을 보면 독립해서 사용된 패물로는 볼 수 없다.

　셋째, 유리제 장식품은 동자상을 비롯하여 유리제곡옥류, 유리球玉, 유리 練理管玉 등 다양하면서도 다수 출토되고 있는데 이것들은 무녕왕릉 당시에 이미 유리제품을 제작할 수 있었다고 하는 점에서 주목이 된다. 우리나라를 비롯하여 중국과 일본에서도[14] 이미 유리제품이 제조되고 있었기 때문이다.

　넷째, 무녕왕릉 동자상이 1쌍이라는 점이다. 불가에서도 동남, 동녀를 논하고 있고, 유가에서도 천지음양에 바탕을 두어서 남녀가 출생한다고 보고 있으며 도가에서도 동남, 동녀를 통해서 선인을 만나게끔 된다고 하는 내용으로 보아서 이 1쌍의 동자상도 동남, 동녀의 한쌍이라고 추정된다. 두 개의 동자상을 비교해볼 때 반파된 동자상의 얼굴 모습이 완형보다 거칠며, 눈맵씨도 완

---

14) 『東洋のガラス工藝品名品展』, 大和文華館, 1976년.

형은 고운 반면 반파된 동자상은 약간 치켜 뜨고 째어져 있으며 입도 역시 더 커서 반파된 동자상이 동남으로 추정된다.

다섯째, 무녕왕릉 동자상은 불교의 신앙에서 제작된 것이냐, 유교의 신앙에서 재작된 것이냐, 또는 도교의 신앙에서 제작된 것이냐 하는 점을 규명해보고자 한다. 상기 논술에서 밝힌 바와 같이 불가에서는 연화화생하는 화생불과 탄생불이 있는데 무녕왕릉 동자상은 이 중 어느 것에도 해당되지 않는다는 점에서 불교의 신앙하에 제작되었다고 볼 수 없다. 감은사 동자상이나 일본에 있는 양류관음도상에 동자상이 그려져 있기는 해도 무녕왕릉 동자상과는 서로 다르다. 다만 불가에서는 동남동녀를 천진무구한 인간상으로 부각시키고 있음에는 틀림이 없다.

유가에서는 동몽 즉 동자는 길상으로 세속에 물들지 않은 인간상으로서 역시 부각시키고 있지만 불가에서 남아있는 동자상과 같은 유물조차도 남아 있지 않기 때문에 무녕왕릉 동자상과는 그 인연이 멀다고 볼 수 있다. 더구나 맹자는 「始作俑者其無后乎」15)라고 하여 사람 형상과 같은 허수아비를 만든 것조차도 크게 꾸짖을 정도이니 동자상 같은 유물을 유가의 영향하에서 만들었다고는 볼 수 없다.

또한 도가에서도 동남, 동녀를 선인의 매개체로 삼을 정도로 숭상하였지만 그 영향하에서 무녕왕릉 동자상이 만들어졌다고는 역시 볼 수 없다.

이와 같이 불, 유, 선 3교에서 다 같이 천진무구한 동남, 동녀를 이상형으로 여겨서 신앙의 대상으로 삼아온 것은 공통점이라고 할 수 있으나 그 영향하에서 무녕왕릉 동자상이 제작되었다

---

15) 『孟子』 梁惠5章句 上 4.

고 하는 근거는 희박하다.

따라서 1쌍의 동자상은 유리제 장식품으로부터 착안하여 발전되었을 가능성이 있다는 점이다. 즉 잠자리 눈알(일명 蜻蛉玉)처럼 동그랗고 중권문이 있는 장식품이 중앙에 구멍이 뚫려서 꿰여 매달게 되어 있는데 이와 같은 제품은 B.C. 1500년경부터 메소포타미아와 에지프트에서 제작되기 시작하여 중국에서는 전국시대부터 제조된 것으로 알려져 있으며 그 크기는 2cm에서 3.5cm의 크기로 되어 있는데 우리나라에도 경주에서 출토된 신라시대 잠자리눈알유리제옥이 있다. 이와 같은 장식품에서 착안하여 吉祥의 동자상으로 발전하였을 가능성이 있다고 본다.16)

끝으로 그러면 과연 무녕왕릉 동자상은 무엇 때문에 만들었을까 하는 문제이다.

잠자리눈알유리제옥은 고대 원시인의 벽사, 護符의 사상17)에서 출발하여 만들어졌는데 호부18)라 함은 오늘날까지도 우리들

---

16) 앞의 글,『東洋のガラス工藝品名品展圖錄』, 18~22쪽.
17) 앞의 글,『東洋のガラス』총서 107쪽(「…古代人 原住民の世界觀。宗教觀のなかで惡靈にみつめられると不幸や病氣。死が訪れるとする邪視信仰に對して, 辟邪, 護符として異樣な多くの眼玉を胸部や髮につけて惡靈を魅入らせて, 人間は無害になるといつた考えに基いて作られたと思われる。」
18) 『民俗學辭典』호부조 일본 동경당출판, 1975, 922쪽(「護身の符で祕符・守札・お守・などと言う。病氣・天災・盜難・火難・戰禍など種種の災厄を防護する神秘的な力を持つと信じられ, 未開社會の宗教から文明社會の高等宗教にまで廣く用いられている。その原初形態がいわゆる庶物崇拜feticismにあるとも考えられるがその精神的意義は一樣ではない。また常に身につけるものや門口・柱などに貼るもの, 毛髪その他身體の一部を用いるもの人形・動物形のものがあり, また布・紙・金屬・石・木片などを用いたものもある。」

가정에서 붙이고 있는 부적과 같은 것이라고 하겠다. 부적은 우리가 몸에 매달고 다녔든지 장식품에 같이 꿰어서 매달았든지 하는 일종의 원시신앙에서 시작된 것인데 무녕왕릉 동자상도 이와 같은 대상물로 만들어진 것 같다.

무녕왕릉 내에 있는 석수가 왕과 왕비의 사후를 위한 진묘수였다고 하면 동자상은 왕비 생존시의 수호신격의 성격을 띠고 만들어진 소박한 민속신앙의 대상으로 보인다.

그림 1-4-3 완형동자상 전면

이 소고가 이루어지기까지 공주박물관 洪斌基관장과 李揆山 씨의 협조가 컸으며, 본교 박물관장 윤무병 박사의 자료제공과 고대 유리제품을 공부하고 있는 사학과 조명자, 장인숙 양의 실측에 의해 이 글이 이루어졌음을 진심으로 감사드리는 바이다.

第 2 編 百濟의 思想과 文化

1. 百濟思想의 特徵的 一面
2. 百濟僧 道琛의 思想的 背景과 復興活動
3. 百濟儀式考*
   －祭儀·田獵·巡撫·閱兵·習射儀式에 관한 검토

01

百濟思想의 特徵的 一面

1. 전언
2. 삼국 이전의 사상개관
3. 고구려 사상의 선교적 일면
4. 신라 사상의 불교적 일면
5. 백제 사상의 유교적 일면
6. 백제 유교사상의 영향
7. 결언

1. 전언

　사상은 씨요, 문화는 그 열매라 할 수 있다. 고대 그리스 문화는 그리스 철학의 산물이요, 중세 로마의 문화는 바로 기독교사상의 結晶이라고 할 수 있으며 미국문화도 기독교사상에 입각하여 수립된 문화라고 할 수 있다. 동양 삼국(한국, 중국, 일본)에서는 대개 불교문화가 지배적이라고 볼 수 있으니, 비로 이것은 불교가 그만큼 성행하였음을 입증해주는 것이라 하겠다. 그러나 불교 이외에도 지대한 영향력을 준 사상은 유교 또는 도교라고 할 수 있다. 이조 5백 년의 문화는 유교의 산물이며, 우리 국민의 무속적인 신앙은 다분히 선도의 영향을 많이 받았음이 틀림없다.

　이와 같이 사상과 문화는 씨와 열매처럼 불가분의 관계를 가지고 있는데 고구려, 신라, 백제의 삼국시대 문화는 과연 어떤 사상을 배경으로 성립되었는가, 언뜻 보기에는 삼국이 모두 불교문화만이 성행했던 것으로 생각되나 다시 보면, 유교는 유교대로 도교는 도교대로 각각 삼국에 끼친 영향이 지대함을 알 수 있으니 이 글에서는 그 특색의 일면을 밝히고자 하는 데 그 목적이 있다. 그러므로 이 글에서 사상은 국가의 이념이 어떤 사상에 기반을 두고 국민을 지도해왔는가 하는 데 초점을 두고, 또 국민들도 전반적으로 어떤 사상에 기반을 두고 생활을 해왔는가 하는 데 치중하여 살피고자 한다. 물론 삼국시대 사상을 들추어본다고 하나 현존한 문헌으로는 『삼국사기』와 『삼국유사』밖에 없기 때문에 고려 때 편찬된 두 문헌으로는 정확하게 고대 내지는 삼국시대의 사상을 시원히 천명할 수 없음을 매우 유감스럽게 여기는 바이다.

시대 구분은 고구려는 고주몽의 건국부터 보장왕 27년(A.D. 668)까지 700여 년 동안의 기간을 말하고, 백제는 온조가 건국한 때부터 의자왕 20년(A.D. 660), 멸망할 때까지 670여 년 동안의 기간을 말한다. 신라는 박혁거세가 건국한 때부터 통일기인 문무왕 때까지 약 7백여 년간을 가리키기로 한다. 그러나 삼국의 인물을 말할 때에는 그가 어느 때에 속했든지 그 출신지를 두고 상고해보았으며 지역적으로는 고구려가 가장 강성했던 때인 광개토대왕 때의 사방 영역 즉 남쪽의 예성강, 서쪽의 요하, 북쪽의 송화강, 동쪽의 일본해에 이르는 지역을 두고 말하며 백제는 근초고왕 때의 국경을 개척하여 북진정책을 감행하던 때의 경계를 말하고 신라는 진흥왕의 순경비가 건립되어 있는 창녕 북한산 황초령, 마운령 등 가장 세력이 팽창하던 때의 경계를 두고 말하는 것을 전재로 하고 또 문헌사료에만 입각해서 쓴 글임을 밝혀둔다.

2. 삼국 이전의 사상개관

인류의 고대사상은 공통적으로 신화와 전설로 시작되는데 우리나라도 예외일 수는 없다. 우리나라의 개국시조의 전설에 관해서는 대략 5종류의 설화형태가 있으니 ① 천신족설(북부여 해모수전설 내지 환웅신화) ② 지신족설(서술성모설화 내지 제주도 삼성설화) ③ 천지양신족설(단군 내지 대가야시조전설 등) ④ 외래족설(기자동래설 석탈해전설 등) ⑤ 난생설(주몽, 금와, 혁거세, 석탈해, 알지, 수로전설 등)1) 등이 그것이다. 그런데 우리나라 고대 단군설화는 ③ 천지양신족설에 해당된다고 하겠으니 음양학적 입장에서 보면 상기 5종류의 설화 중 가장 합리적인 설화라 생각된다. 천지만물은 음양관계에서 생생하기 때문이다. 이 단군설화2)의 내용을 살펴보면 2천 년 전에 단군왕검이 아사달에 나라를 세우고 조선이라고 호칭하였다는 것인데, 단군 왕검은 하늘

---

1) 이병도, 1955, 「단군고기에 대한 신해석」, 『국사대관』, 23~28쪽.
2) 일연, 『삼국유사』 고조선 조(魏書云 乃往二千載 有檀君王儉 立都阿斯達 開國號朝鮮 與高同時 古記云 昔有桓因庶子桓雄 數意天下 貪求人世 父知子意 下視三危太白 可以弘益人間 乃授天符印三個 遣往理之 雄率徒三千 降於太白山頂 神檀樹下 謂之神市 是謂桓雄天王也. 將風伯雨師雲師 而主穀主命主病主刑主善惡 凡主人間三百六十餘事, 在世理化 時有一熊一虎, 同穴而居, 常祈于神雄, 願化爲人, 時神遺靈艾一炷蒜二十枚曰, 爾輩食之, 不見日光百日, 便得人形, 熊虎得而食之 忌三七日, 熊得女身, 虎不能忌而不得人身, 熊女者無與爲婚, 故每於檀樹下, 呪願有孕, 熊乃假化而婚之, 孕生子, 號曰檀君王儉 以唐高卽位五十年庚寅, 都平壤城, 始稱朝鮮, 又移都於白岳山阿斯達, 又名弓忽山, 又今旀達御國一千五百年).

에 있는 환인의 아들 환웅이 천부인 3개를 가지고 무리 3천 명을 거느리고 태백산에 내려와서 그 땅에 있던 웅녀와 결혼해서 낳은 이니 바로 이것이 天地兩神族說에 근거라 하겠다. 그런데 여기에서 가장 중요한 것은 환인에 대한 해석이다. 환인은 곧 환님이니, 환님이라 함은 환한님(광명의 뜻)이오 바꾸어 말하면 일대 광명이란 뜻의 순수한 우리 말의 하나님이라 할 수 있다. 이 환인은 곧 환하다는 뜻으로서 밝은 것을 의미하는 것이니 明, 鮮, 赫 등 광명사상이 여기에 깃들여 있다. 어둠과 밝음 이것은 고대에서 선악구별의 원초적인 신앙구분인 동시에 생명의 근원이었던 것이다. 해가 밝다, 귀가 밝다, 사리에 밝다 등 광명과 우리 사상은 밀접한 관계가 있다. 다시 환인의 내용을 고찰해보면 '환'과 '흼(白)'은 같은 의미를 가지고 있음을 알 수 있으니 함박산(한밝산)을 태백산, 함박눈(한밝눈)을 대백설, 밝달 겨레를 백의민족 白族(백족 = 밝겨레)이라고 하며, 태백산, 백악, 조선이니 하는 것도 모두 광명사상을 의미한다. 解, 朴, 高, 汗, 干, 今, 加, 王, 韓, 幹, 乾, 天 등 모든 뜻이 환님의 밝달사상에서 나왔음을 알 수 있다.[3] 이 광명의 상징인 환인의 아들이 환웅이오, 환웅의 아들이 단군 즉 환인의 광명사상이니 단군의 밝달사상은 같은 뜻을 가지고 있다고 보아도 틀림이 없을 것이다. 여기서 다시 고찰해볼 것은 환인천왕이 그의 아들 환웅에게 천부인 3개를 주었다는 사실이다. 천부인은 신명의 신적으로 귀중함을 표시하는 것이나 그 실물의 증표는 기록이 없으니 애석한 일이다. 이에 대한 필자의 견해는 천, 지, 인 三才原理를 의미하는 것이 아닌가 한

---

3) 안호상, 『인성과 철학과 교육 배달임금 한검(단군왕검)에 대한 새풀이』, 4~5쪽.

다. 우선 단군왕검도 환인의 아들인 환웅천왕이 하늘에서 내려와 땅에 있는 웅녀와 결혼하여 잉태하였다 하니 이것도 천, 지, 인 삼재원리에 의한 생생원리를 설명한 것이라 생각되는데 이에 대한 설명을 윤세복은 『건국대학교 학술논문집』 제2집에 게재한 「단군고」에서 삼신설로 해석하고 있지만 이것은 바로 삼재원리를 신화적으로 해석한 것에 불과하다. 이에 대한 이병도의 해석을 보면

 (상략) 「그리하여 최초의 단군도 시조신으로 받들게 되어 天帝(환인) 天王(환웅)과 아울러 북조선을 대표한 이른바 三神(三聖)을 형성하여 마침내 삼위일체적인 수호신이 되었다.」4)

고 한 것이 그것이다. 삼위일체란 천, 지, 인 삼재원리를 의미하는 것이다. 이렇게 우리나라 고대의 단군설화는 삼재원리에 입각하여 전개되었는데 그 내용은 고대 농경민족에게 공통적으로 볼 수 있는 광명사상, 밝달사상이 깃들여 있다. 이와 같은 해석이 고려 때 편찬된 『삼국유사』를 가지고 단정하기는 매우 어려운 일이오, 또 언어학적으로 볼 때에 꼭 이와 같이 변천, 해석되어 왔는가에 대해서도 애매한 일이나 현재 이와 같이 해석하고 있음이 일반적으로 되어 있기 때문에 여기에 소개, 해석하는 바이다.

---

4) 이병도, 앞의 책, 28쪽.

3. 고구려 사상의 선교적 일면

앞에서 언급한 바와 같이 우리나라 고대의 사상은 '환', '하나', '밝달' 즉 명월사상이 싹트기 시작해 내려와서 하나님 곧 환님(桓因)을 숭배하는 의식은 고구려에서는 동맹, 예에서는 무천, 부여에서는 영고 등의 형식으로 내려왔는 바 이 사상이 삼국에 들어와서는 어떻게 변천되어왔는가, 다음에 고찰해보기로 하겠다.

우선 고구려는 혈통적·사상적으로 단군의 직계 후예라고 할 수 있다.『삼국유사』의 왕력 제1편을 보면5) 주몽은 단군의 자손이라는 것이오, 성을 高라고 한 것은 높은 곳이 환하고 광명하기 때문이라 하겠으니, 혈통적·사상적으로 동일계통임을 알 수 있다. 한편 백제는 바로 이 고구려의 후손이다.

즉 백제의 온조왕은 고주몽의 제3자 (혹은 제2자) 라는 것이다. 그는 위례성에 도읍을 하였다가 한산에 이도하였다는 것이니 혈통적으로 고구려의 후예임이 틀림없으며 漢山(한산 즉 환한山)에 도읍을 정했다는 것은 밝은 빛을 동경해서 그런 것이므로 사상적으로도 역시 고구려의 것을 이어받았음이 명확하다.6) 또한 신라는 어떠한가 살펴보기로 하겠다. 신라의 시조는 박혁거세니 성이 박이라고 한 것을 생각해보면 역시 '밝달,' '환'의 광명사상, 명월사상이 내재해 있음을 알 수 있고 이름도 또한 혁거세라고 한 것은 '붉으레하다,' '밝으레하다' 등 광명사상이 내포하고 있음을 용이하게 알 수 있다.7) 혈통이 곧 단군의 자손인가 하는 문

---

5) 일연, 앞의 책, 왕력제일 고려조(「高麗 第一東明王 甲申立 理十九年 高 名朱蒙 一作鄒蒙 壇君之子」).
6) 일연, 앞의 책, 백제조(「百濟 第一溫祚王 東明第三子 一云第二 癸卯立 在位四十五 都慰禮城一云蛇川 今稷山 丙辰移都漢山 今廣州」).

제는 명시되어 있지 않아도 같은 사상적 계열임은 잘 알 수 있는 사실이다.

이와 같이 삼국의 혈연 내지 사상의 계통이 모두 환인천왕의 후예인 단군의 계통이라고 하겠는데 삼국의 정립은 (앞으로 논하겠지만 국토뿐만 아니라 사상까지도 포함해서) 이미 지리적으로나 섭리적으로 규정되어 있는 것이 아닌가 한다. 우리나라의 지형에서 인천, 원산 두 곳을 연결하는 선을 그어보면 그 선에서 북쪽은 산맥이 모두 동서로 가로 뻗었고 그 북에서 남은 산맥이 거의 모두 세로로 남북의 방향으로 뻗어 있음을 알 수 있다. 그리해서 반도가 남북 두 부분으로 갈리게 된다. 그런데 그 남쪽을 살펴보면 마식령부터 전라도 남쪽까지 등뼈가 되는 태백산맥이 뻗어 있어 그것을 동서 두 부분으로 갈리게 되는 것을 볼 수 있다. 그래서 반도는 결국 북부와 동남부, 서남부의 세 지방으로 갈려져 있으니 북부에 고구려가 동남부에 신라가 서남부에 백제가 정립하게 됨은 당연한 지세라 하겠는데 이와 같이 세 군데로 갈리는 원리는 천지대도의 자연스러운 이치라 하겠다.8)

이렇게 단군 이래로 순수하게 혈연적·사상적으로 삼국까지 계승하여 내려오던 우리 민족은 삼국시대부터 외래사상의 유입으로 변질되기 시작하였다(변질이라고 하는 것은 생장하는 과정의 변화를 의미하는 것이지 타락을 뜻하는 것은 아니다).

먼저 대륙문화의 영향을 가장 많이 받은 것이 고구려임으로 역시 사상적인 영향도 고구려가 가장 먼저 받았으니 불교의 전

---

7) 일연, 앞의 책, 신라조(「新羅 第一赫居世 姓朴 卵生 年十三 甲子卽位 理六十年」).

8-1) 金恒, 『正易』 제20장(「道乃分三 理自然 斯儒斯佛又斯仙」).
  2) 함석헌, 1954, 『성서적 입장에서 본 한국역사』, 53~59쪽.

래가 곧 그것이다. 소수림왕 2년에는 태학을 세워 자제들을 교육시켰다는 사실이다. 이때는 秦 符堅이 태학을 중수하고 널리 학자들을 초빙하여 유교를 장려했던 때이니 고구려도 그 영향을 받아 태학을 설치하고 자제를 교육시켰으므로 유교사상의 유입을 엿볼 수 있다.9) 이것도 역시 공식적인 기록이오, 그 이전에 이미 유교의 영향을 받았으리라고 믿는다. 고구려 태학에서는 중국의 경학과 문학은 물론이오, 무술도 학과목으로 설정하여 교육시켰으리라고 생각되며 이는 후기(평양 천도 이후) 사립학교에서도 문무일치의 교육을 시행했음을 보아 추측된다.10) 또 『舊唐書』를 보면 고구려에는 오경과 사기 그리고 한학에 관한 중요 사적이 있었다는 것으로써 이것은 비단 유교에 관한 서적뿐만 아니라 유교교리에 깊은 서적이 존재했음을 알 수 있다.11) 다시 불교 전래에 대한 내용을 살펴보면 불교가 전래한 소수림왕 2년에서 3년 후인 5년에 처음으로 肖門寺를 창건하고 順道로 하여금 불법을 강론하게 하였으며 한편으로는 伊弗蘭寺를 창건하고 阿道에게 불법을 강론하게 하여 고구려 불교의 시초를 이루었다는 것이다.12) 다음 고국양왕 때에는 불도를 더욱 숭신해서 복을 빌었다고 하니13) 광개토왕 2년에는 九寺를 평양에 창건하

---

9) 김부식, 『삼국사기』 고구려본기 6 소수림왕조(「二年夏六月秦符堅 遣使及浮屠順道 送佛像經文 王遣使回謝 以貢方物 立太學教育子弟」).
10) 이병도・김재원, 1959, 『韓國史 古代篇 四 漢文의 使用과 國史編纂』, 을유문화사, 569쪽.
11) 『舊唐書』 고려전(「其書有五經及史記 漢書 范晔 後漢書 三國志 孫盛 晋春秋 玉篇 字統 字林 又有文選 尤愛重之」).
12) 김부식, 앞의 책, 권18 고구려본기 6 소수림왕조(「五年春二月 始創 肖門寺 以置順道 又創伊弗蘭寺 以置阿道 此海東佛法之始」).
13) 김부식, 앞의 책, 고국양왕조(「九年春三月(上略) 下教 崇信佛法求福」).

였다14)는 기록으로 미루어보면 가히 불교의 융성함을 짐작할 수 있다.

한편 고구려의 도교 전래에 대해서는 이미 중국 남북조시대에 성행한 듯 하니 그것은 남북조시대 미술의 영향을 받은 고구려 고분벽화 중에서 그러한 색채를 띤 부분이 많음을 볼 수 있다. 공식적인 기록으로는 고구려 말기에 국인들이 오두미교(도교)를 다투어 믿음으로 당 고조가 이를 듣고 도사를 시켜 천존상을 보내고 도덕경을 강론케 하였으니, 이때는 영류왕 즉위 7년인 무덕 17년 갑신년의 일이다. 다음해에 영류왕은 당에 사절을 보내어 불교, 도교에 관한 학문을 구하니 당고조가 이를 허락하였으며 다음 보장왕이 즉위하여서는 또 유, 불, 선 3교를 병행케 하였다. 이때 총신이었던 개소문이 왕을 달래어 유교와 불교는 다 성하나 선교만은 성하지 못하니 당에 특별히 사신을 보내어 도교를 구하라고 하였다는 것이다.15) 이것으로 미루어보면 고구려 말기까지 3교 중 선교가 가장 약세였음을 알 수 있는데 다시 연개소문이 선교 진흥에 대한 이론을 상고해보면 솥(鼎)이라고 하는 것은 삼족이 있어야 서는 법이오, 국가라고 하는 것은 3교가 병진되어야 나라가 성하는 법인데 오직 유교와 불교만이 성행하나 도교는 없으니 국가가 위태롭다는 것이다.16) 이것만으로 보면

---

14) 김부식, 앞의 책, 광개토왕조.
15) 일연, 앞의 책, 卷3, 興法 第3 寶藏奉老 普德移庵條(「高句麗 本紀云 麗季 武德 貞觀間 國人爭奉五斗米教 唐高祖聞之 遣道士 送天尊像 來講道德經 王與國人 聽之 卽 第二十七代榮留王 卽位七年 武德七年 甲申也 明年遣使往唐 求學老佛 唐帝許之 及寶藏王卽位 亦欲幷興三教 時寵相蓋蘇文 說王以儒釋並熾 而黃冠未盛 特使於求唐道教 (下略)」).
16) 일연, 앞의 책, 상동(「金奏曰 鼎有三足 國有三教 臣見國中 唯有儒釋 無道教 故國危矣」).

고구려에 도교가 없었다고 하나 이것은 과장된 표현이오, 오직 도교를 진흥시키기 위한 진언인데 유, 불, 선 3교를 진흥시켜 국가의 사상적 기반을 닦고자 한 연개소문의 의견은 탁견이라고 볼 수 있다. 이와 같은 진언에 대해 왕은 그럴 듯이 여기어 당에게 청하니 당태종은 敍達 등 8인을 파견하였다. 왕은 기뻐하여 불사를 헐고 도관을 삼았으며 도사를 높여 유사의 윗자리에 앉히고 국내 유명산천을 돌아다니며 전도케 하였다는 것이다.17) 이와 같은 풍조는 연개소문의 이론대로 3교의 병진이 아니라 도교를 우위에 두고 유·불을 억제한 느낌이 있다. 그러나 이와 같은 조처 이전에 선교의 생활화 내지는 사상화된 것을 엿볼 수 있다. 을지문덕 장군은 당나라 장수 우중문에게 보낸 편지에서 「知足願云止」라는 말을 쓰고 있다. '知足'이라는 것은 노자『도덕경』제33장에 '知足者富'라고 하는 노자의 사상에서 나온 말로 이 사상의 영향을 받은 것으로 생각된다.18) 고구려의 사상적 경향은 3교 중 선교적인 방향으로 흘렀다고 볼 수 있다.

4. 신라 사상의 불교적 일면

다음은 신라의 사상적 특징 경향에 대해서 고찰해보겠다. 신라의 초기사상은 역시 고구려에서와 같이 고대 농경사회에서 공통적인 '밝달'사상이 근간이 되어 있는 것으로 생각된다. 그것은 바로 신라시조 박혁거세의 성이 박씨19)임으로 해서 그렇게 생각

---

17) 일연, 앞의 책, 상동(「王 然之 奏唐請之 太宗遣敍達等八人 王喜 以佛寺 爲道館 尊道士 坐儒士之上 道士等行鎭國內 有名山川(下略)」).
18) 김부식, 앞의 책, 권44 열전 제4 을지문덕조(「神策究天文 妙算窮地理 戰勝功旣高 知足願云止」).

되는 것이다. 『삼국사기』나 『삼국유사』에서는 박만큼 큰 알에서 탄생하였다 해서 성을 박이라고 하였다 하나 이것은 '밝다'고 하는 광명의 뜻 그대로 이어받은 것으로 생각되며, 혁거세도 『삼국유사』 권1 주에 「或作弗矩內王 言光明理世也」라고 한 것과 같이 弗矩內는 곧 '붉으레하다' '밝다'의 뜻임은 물론 광명 즉 '환'의 정신, 다시 말하면 '밝달'정신을 가지고 세상을 다스리라는 것이라 하겠다. (이에 대해서 이병도는 理世 2글자는 무용의 부회라고 『한국사』 고대편 372쪽에서 논하고 있지만 밝달정신으로 세상을 다스린다는 것이 더욱 중요한 일이라 하겠다.) 그 후 김씨의 성도 군장 대인의 존칭인 干, 邯, 今 등의 음과 유사하니 이것도 역시 밝과 같이 환하고 크다는 뜻을 가지고 있은 즉 신라의 초기 사상적 경향은 고구려에서와 같이 동일함을 알 수 있다. 이러한 신라의 고대사상 이후에 외래사상은 어떻게 전래되었는가 고찰해보겠다. 신라의 도교는 어떻게 유입되었는지 참고할 만한 기록은 없으나 도가류의 신선사상의 영향은 역시 고구려와 같이 공식적인 기록이 없이 그냥 생활화된 것으로 생각된다. 「崔致遠鸞郞碑序」를 보면 신라에는 현묘지도가 있어 이를 풍류라고 하는데 자세한 것은 仙史에 있는 바 이것은 유, 불, 선 3교를 내포한 것이라는 것이다.[20] 이 풍류도는 공자의 충효와 노자의 무위자연사상 그리고 불교의 자비사상 등이 포함되어 있다. 이것으

---

19) 김부식, 앞의 책, 신라본기 제1 신라시조 혁거세 거사간조 (생략) 辰人謂瓠爲朴 以初大卵如瓠 故以朴爲姓 居西干辰言王.

20) 윤세복, 檀君考 第6節 神敎轉載 『건국대학교학술지』 2(「國有玄妙之道 曰風流 設敎之源 備詳仙史 實乃包含三敎(儒佛仙) 接化群生且如入則孝於家 出則忠於國 魯司冠(孔子)之旨也 處無爲之事 行不言之敎 周柱事(老子)之宗也 諸惡莫作 諸善奉行 竺乾太子(佛陀)之化也」).

로 미루어보면 화랑도의 사상은 3교를 포함한 것이지만 그 중에도 화랑도의 명칭을 풍월도, 선랑 등으로 부르는 것으로 보아 선교적인 영향을 더욱 많이 받은 것으로 생각된다. 더욱이 화랑들의 생활양식 중에 遊樂山水 無遠不至가 원래 신라국민의 낙천적·현실주의적·자연주의적인 고유사상에서 유래된 것이지만 이는 도가의 무위자연사상과 결합되었다고 볼 수 있다.21) 한편 유교의 전래에 대해서도 역시 공식적인 기록이 없어 자세히는 알 수 없으나, 내물왕 이전에 고구려와 교섭이 있었고 전진에 사신과 예물을 보낸 일이 있으므로 그때에 한문의 전래도 있었을 것이며 따라서 유교의 전래도 이때부터 되지 않았는가 생각된다. 그후 지증·법흥왕대에 이르러 한문사용이 더욱 생활화되어 중국류의 상복제와 州郡名을 정하였다 하고22) 또 전기한 최치원 난랑비서에 있는 바와 같이 풍월도는 유교적인 영향도 받았다고 하겠으며 신라의 세속오계는 유교의 오륜과 상통되는 바 있어서 역시 유교도 생활화된 유교화의 일면으로 전래되지 않았는가 한다. 이러한 유교의 이념실천의 일례를 경주에서 수습된 '壬申誓記石'에서 찾아볼 수 있다.

 그 내용은 지금부터 3년 동안 충도로 집지하고 과실이 없기를 맹서한다. 만일 이에 위반하면 하느님에게 큰 죄를 받을 것을 맹서한다. 만일 나라가 편안치 않고 세상이 크게 어지러워질 때에는 가히 실행할 것을 맹세한다. 또 『시경』과 『상서』, 『예기』 춘추전을 차례로 배워 읽기를 3년으로 맹세했다는 것이다. 이것을

---

21) 이병도·김재원, 1959, 「종래의 신앙과 불교도교의 전래」, 『한국사』 고대편 5, 588쪽.
22) 앞의 책, 573쪽.

요약하면 유교경전의 습득과 실천궁행을 굳게 맹세한 것이라 하겠다(이병도·김재원: 573). 서약자들의 성명과 어느 신미, 임신년인지 그 시기는 알 수 없어도 발견 장소가 경주인 만큼 통일무렵의 신라 어느 청년의 기록임에는 틀림이 없다. 왜냐하면 이와 같이 생활화된 유교가 공식적인 기구를 통해서 습득되기는 신라통일기 전후이기 때문이다.

국학의 기원은 통일 전 진덕여왕 5년이고 국학다운 체제를 갖추기는 신문왕 2년에 박사, 조교 등을 둔 때부터라 하겠다.[23] 그 후 성덕왕 16년에 唐으로부터 孔子十哲 72제자의 화상을 전수하여 국학에 안치하고 예를 다하였으며 교과목으로는 『주역』, 『상서』, 『모시』, 『예기』, 춘추 좌씨전 문선[24] 등을 가리켰다는 것이다.

다음에 불교는 어떻게 되었는가 고찰해보면 불교의 공인은 법흥왕 14년 이차돈의 순교를 통해서 공인됨은 주지의 사실이다. 다만 고구려, 백제에서는 불교전래에 아무런 쟁론이 없었으나 신라에서만은 쟁론이 분분하였으니 그것은 재래 신앙과 상치됨으로서 일어난 사건으로 생각되며 반발이 심했던 만큼 신앙도 두터워서 공인된 이후로는 법흥, 진흥, 두 왕 자신이 귀의하여 법공, 법운의 법호를 가지며 급진적인 발전을 보였다. 특히 신라통

---

[23] 김부식, 앞의 책, 職官志 第7 職官上(「國學屬禮部 神文王二年置 景德王改爲大學監 惠恭復故 卿一人 景德王改司業 惠恭復稱卿 位與他卿同 博士(若干人數不定) 助敎(若干人數不定) 大舍二人 眞德王五年置 景德王改爲主簿 惠恭王復稱大舍位 自舍知至大奈麻爲之 史二人 惠恭王元年加二人 (下略)」).

[24] 이병도·김재원, 앞의 책, 제10편 통일기의 신라 4「신문화의 만개」, 667쪽.

일의 기둥이 된 화랑도의 정신이념을 제시해준 사람은 원광법사인데 그의 세속오계가 유교의 오륜에서 취한 것이라 하나 충, 효, 신 등은 불교에서도 중요하게 논하고 있으니 인왕경에서 말한 충, 아함경에서 말한 신 그리고 破邪顯正의 전에서 취한 것이며 살생유택은 불교의 5계 10계 혹은 250계의 근본계로 되어 있는 불살생원칙을 현실화한 것이라 하겠다. 이것으로 미루어보면 오계는 불교의 영향력이 컸음을 알 수 있고 더구나 원광법사가 승려이니 만치 그 영향력의 지대함은 재언을 요치 않을 것 같다.25) 이와 같이 진평왕대에는 원광법사가 국민 도덕을 수립하였고 선덕여왕때에는 자장율사가 신라불국토설을 완성하였으며 또 사방의 제국을 항복 來貢시키기 위해 황룡사에 9층탑26)을 건립하여 호국불교사상을 확립하고 그후로 원효, 의상, 원측 등 고명한 불교학자들이 배출되어 신라불교에 큰 영향을 끼쳤다. 이 중에서도 신라불교의 대표자라고 볼 수 있는 원효대사는 경, 율, 론 전반에 걸쳐 조예가 깊었으며 그의 사상체계는 금강삼매경론에서 언급한 바와 같이 만법이 일불승에 총섭되어야 하는 것은 마치 대해중에 모든 중류가 들어가지 않음이 없는 것과 같다고 한다. 이와 같은 사상은 그의 起信論 중에서 그의 사상을 잘 들어내고 있다. 다시 말하면 불도 궁극의 경지를 설파하고 이것을 바탕으로 책상 위에서는 제설을 종합정리하여 불교의 단일화를 계획하고 그 실천에 있어서는 불교민중화에 노력하였음은 주지하는 사실이다.27) 이와 같이 고승들이 많이 나오고 불사도 많이

---

25) 조명기, 『신라불교의 이념과 역사』, 32쪽.
26) 일연, 앞의 책, 권3 황룡사구층탑조.
27) 이병도·김재원, 앞의 책, 제9편 「삼국의 문화」, 584쪽(「是以開合自在 立破無碍 開而不繁 合而不狹 立而無碍 破而無失」).

건립되어 통도사, 해인사, 송광사, 불국사, 석굴암 등이 통일 전후에 건립되게 되었다. 이러한 신라의 사상적 경향은 아무래도 불교사상이 그 주류로 되지 않았는가 생각된다.

5. 백제 사상의 유교적 일면

한편 고구려 시조 주몽의 후예인 백제는 어떠한가 다음에 고찰해보겠다. 백제의 외래사상전입에 대한 처음 기록은 도교로부터 그 시초를 볼 수 있다.

즉, 근초고왕 때 고구려의 내침이 있었는데 이때 태자를 시켜 이를 대파하고 추격하여 수곡성 서북방에 이르렀을때 장군 막고에가 간하기를 일찍이 도가의 말을 들으니 '족한 줄 알면은 욕됨이 없고 그칠 곳에 그칠 줄 알면은 위태롭지 아니하다'하였는데 이제 소득도 많고 하니 무엇을 더 구하겠느냐 하니 태자가 좋게 여기어 추격을 중지하였다는 것이다.28) 또 이능화의 백제도가사상에는 근초고왕 때 왕인, 아직기가 『논어』 및 천자문만 일본에게 전해준 것이 아니라 黑极勝美의 설을 인용, 도교의 풍류도 전하였다는 것이니29) 이로 미루어보아 백제의 도교는 이미 존재하

---

28) 김부식, 앞의 책, 백제본기 제2 근구수왕조(「先是高句麗國王 斯由親來侵 近肖古王遣太子拒之 至半乞壤將戰 高句麗人斯紀本百濟人誤傷國馬蹄 懼罪奔於彼 至是還來 告太子曰 彼師雖多 皆備數疑兵而已 其饒勇 唯赤旗 若先破之 其餘不攻自潰 太子從之 進擊大敗之 追奔逐北 至於水谷城之西北 將軍莫古解諫曰 嘗聞道家之言 知足不辱 知止不殆 今所得多矣 何必求多 太子善之 止焉」).

29) 이능화, 1959, 「백제도가사상」, 『한국도교사』 제7장, 54쪽(「(上略) 忽接京都帝國大學文學部 發行之史林 第八卷 第一號 得見文學博士 黑板勝美氏之著論以爲日本亦有道敎思想及道敎之儀式之神祀自我朝鮮輸入 日本蓋由百濟近肖古王仁阿直岐傳得云云 (下略)」).

였음을 알 수 있고 더욱 백제 瓦塼 중 '山景塼'을 보면 아름다운 산천의 중턱에 나무가 우거지고 그 가운데 집이 있는데 그곳을 찾아가는 선인은 분명히 삼신산과 도원과 도사를 표현한 것 같다30)는 이병도의 해석이다. 이런 점으로 보아서 선교의 백제 전래는 공식적인 유입이라기보다는 생활화된 전래가 아닌가 한다. 그러므로『주서이역전』에「僧尼寺 甚多而無道士」라는 말은 사찰과 승려가 많은 일면만 보고 도교의 풍류가 생활화되어 흐르는 점은 보지 못한 데서 말한 소치라 하겠다.

다음은 백제불교에 대해서 일고하고자 한다. 백제의 불교전래는 枕流王 2년이다.

즉, 호승 마라난타가 진나라로부터 들어오니 왕이 이를 예우한 것이 백제불교의 시초라는 것이다.31) 이와 같이 들어온 백제의 불교는 자못 성행한 바 있다.

법왕은 왕흥사를 창건했을 뿐만 아니라 모든 살생을 금지시켜 수렵도구를 불살라 없애고 또 다음 무왕은 아버지의 뜻을 이어서 미륵사를 창건했다는 것이32) 이를 뒷받침해주고 있다. 그러므로 중국인들의 말과 같이 백제는 승려와 사탑이 많았던 것이다.33) 이와 같이 성행한 백제의 불교는 이미 그 이전인 성왕 때에 일본으로 전수하였으니 성왕 30년(欽明 13년)에 怒利斯致契로

---

30) 이병도・김재원, 앞의 책, 5「종래 신앙과 불교 도교의 전래」.
31) 김부식, 앞의 책, 권1, 백제본기 해동고승전(「九月胡僧摩羅難陀自晉至 王迎之 致宮內禮敬焉 佛法始於此」).
32) 일연, 앞의 책, 권3 흥법 제3 법왕금살(「百濟第二十九主 法王諱宣 或云孝順 開皇十年己未卽位 是年冬 下詔禁殺生 放民家所養鷹鷂之類 焚漁獵之具 一切禁止 明年庚申度僧三十人 創王興寺於時都泗沘城 始立栽而升遐 武王繼統 父基子構 歷數紀而畢成 其寺亦名 彌勒寺」).
33)『隨書』, 동이전 백제조(「有僧尼多寺塔」).

하여금 불상과 경론 몇 권을 보내어 부처님의 공덕을 찬양한 바 있고 다음 위덕왕은 경론 몇 권과 율사, 선사, 비구니, 呪禁師와 기타 造佛工, 造寺工, 鑄工박사, 瓦博師, 화공 등 여러 전문기술 자들을 전후하여 보내서 일본고대문화에 큰 영향을 끼쳤으니 일본의 飛鳥文化란 전적으로 백제인의 유물이오, 백제문명의 연장이라 하여도 과언이 아니라는 것이다.34)

한편 유교에 대한 사상적 경향은 어떠했는가 살펴보면 먼저 개루왕이 위나라에 보낸 표문에서 유교적 풍취를 찾아볼 수 있다.

즉, 개루왕이 북위 효문제에게 보낸 상표문에서 백제는 고구려와 화목치 못하여 여러 번 침범을 당했으나 백제는 의리에 따르고 仁道로써 나라를 다스리고 있다고 하였다. 즉 仁義사상으로 나라를 다스리고 있음을 알 수 있다.35) 또 『삼국사기』 의자왕조를 보면, 의자왕은 용맹과 담력이 있어 무왕의 뒤를 이러 태자가 되었는데 부모를 효도로서 섬기고 형제간에 우애가 있어 세칭 해동증자라는 칭을 받았다는 것이다.36) 이와 같은 내용의 기록은 비단 『삼국사기』에만 기록되어 있는 것이 아니라 『당서』 열진 동이 백세조에도 똑같은 기록이 있는 것을 보면 의자왕의 사람됨이 효자였음을 알 수 있고 유교 교화에 완전히 감화되어 있음을 알 수 있다. 또 의자왕 16년조 성충에 대한 기록을 보면, 의자왕은 말기에 음탕해져서 충신들의 말을 듣지 않고 성충과

---

34) 이병도·김재원, 앞의 책, 10, 「삼국시대 문화의 동류」, 610~612쪽.
35) 김부식, 앞의 책, 백제본기 3 개루왕조(「十八年遣使朝魏上表曰 (上略) 卿與高句麗不穆 屢致凌犯 苟能順義 守之以仁 (下略)」).
36) 김부식, 앞의 책, 의자왕조(「義慈王 武王之元子 雄勇有膽決 武王在位三十三年 立爲太子 事親以孝 與兄弟以友 時號海東曾子」).

같은 충신을 옥에 가두었는데 그런데도 성충은 죽어도 인군을 잊을 수 없다 하고 전쟁이 일어나면 육로로는 적군을 탄현에서 넘어오지 못하게 막아야 하고, 수로로는 伎伐浦를 건너오지 못하게 해야 국가를 보전할 수 있다고 충성을 다했다. 계백 장군은 처자를 다 죽이어 후고의 념이 없게 한 연후에 羅兵과 싸워 마침내 장렬하게 전사하였다 함을 『삼국사기』는 전하고 있다.37) 이것은 충효를 근본이념으로 삼는 유교의 교화에서 온 것이 분명하다. 또 一夫從事하는 도미 부인에 대한 기록이 있다. 개루왕 때 도미라는 사람이 있었는데 그의 부인은 아름다우면서도 절행이 있었다 한다. 이 말을 들은 개루왕은 도미에게 말하기를 '부인의 덕은 정결을 위주로 하나 만약 어둡고 사람이 없는 곳에서 교묘한 말로 꾀이면 능히 그 마음이 움직이지 않는 자가 없을 것이다'라고 말하니 도미는 대답하기를 사람의 마음은 가히 헤아리지 못할 것이나 신의 아내만은 비록 죽더라도 두 마음을 가짐이 없을 것이라 하니 왕이 이를 시험하고자 도미에게 사건을 만들어 머물게 하고 한 근신으로 하여금 왕의 의복을 입히고 말을 태워 보냈다. 그는 밤에 도미 부인에게 가서 왕이 왔다고 전하는 동시에 말하기를 내가 너의 아름다움을 들은 지 오래이던 바 너의 남편 도미와 더불어 내기를 해서 너를 얻었으니 내일 너를 궁중으로 불러들여 궁인을 삼고자 한다. 그러므로 이제부터 너는 내 소유라 하고 장차 범하려 하니 부인이 말하기를 국왕은 망언

---

37) 김부식, 앞의 책, 백제본기 의자왕조(「王與宮人 淫荒耽樂 飮酒不止 佐平成忠極諫 王怒囚之獄中 由是 無敢言者 成忠瘦死 臨終上書曰 忠臣 死不忘君 願一言而死 臣常觀時察變 必有兵革之事 凡用兵必審擇其地 處上流而迎敵 然後可以保全 若異國兵來 陸路 不使過沉峴 水軍 不使入伎伐浦 據其險路以禦之 然後可也」).

하는 바 없다 하니 소인이 어찌 감히 순종하지 않겠습니까. 대왕께서 방에 계시면 옷을 갈아입고 들어가겠습니다 하고 나와서 다른 婢子로 하여금 옷을 갈아 입힌 다음 들어가게 하였던 바 후에 이를 알고 왕이 대노하여 도미를 죄로써 다스려 눈동자를 뺀 다음 배에 태워 강에 띄워보내고 부인에게 와서 강제로 욕보이려 하니 부인이 말하기를 남편이 이미 없으니 어찌 왕명을 거역하겠습니까? 그러나 오늘은 월경이 있어 몸을 씻고 오겠으니 어떻게 하오리까 하니 왕도 이를 허락하였다.

　이틈을 탄 부인은 아직 죽지 않은 남편을 따라 배를 타고 고구려 땅 산산 아래에 와서 남편과 함께 여생을 보냈다는 것이다.38) 이것은 일부종사 여필종부라는 유교의 가르침에 생활화된 사실이 아닌가 한다. 또 『삼국유사』를 보면 백제 멸망 직후 왕을 섬기던 궁녀들이 타사암 즉 속칭 낙화암에서 떨어져 죽어 충과 의를 겸한 의거를 했다는 사실이다.39) 이런 의거는 저돌적인 고

---

38) 김부식, 앞의 책, 열전 제8 도미조(「都彌 百濟人也 雖編戶小民而頗知義理 其妻美麗 亦有節行 爲時人所稱 蓋婁王聞之 召都彌與語曰 凡婦人之德 雖以貞潔爲先 若在幽昏 無人之處 誘之以巧言 則能不動心者 鮮矣乎 對曰 人之情 不可測也而 若臣之妻子 雖死無貳者也 王欲試之 留都彌以事 使一近臣假王衣服馬從 夜抵其家 使人先報王來 謂其婦曰 我久聞爾好 與都彌博得之 來日入爾爲宮人 自此後爾身吾所有也 遂將亂之 婦曰 國王無妄語 吾敢不順 請大王先入室 吾更衣乃進 退而雜飾一婢子薦之 王後知見欺大怒 誣都彌以罪 曜其兩眸子 使人牽出之 置小船 泛之河上 遂引其婦 强欲淫之 婦曰 今良人已失 單獨一身 不能自持 況爲王御 豈敢相違 今以月經 渾身汚穢 請俟他日 薰欲而後來 王信而許之 婦便逃至江口 不能渡 呼天慟哭 忽見孤舟 隨波而至 乘至泉城島 遇其夫未死 掘草根以喫 遂與同舟 至高句麗蒜山之下 麗人哀之 丐以衣食 遂苟活 終於羈旅」).
39) 일연, 앞의 책, 권1 태종 춘추공조(「百濟古記云 扶餘城北角有大岩下臨江水 相傳云 義慈王與諸後宮知其未免 相謂曰 寧自盡 不死於他

구려에서도 찾아볼 수 없고 외교에 나라까지 내맡긴 통일말기의 신라에서도 찾아볼 수 없는 일이다. 이것이 바로 유교화된 백제정신의 일면이다.

한편 근초고왕 때에는 일본에 아직기와 왕인이 천자문과 논어를 가지고 가서 비로소 일본국민에게 유교의 덕목(충효인의)을 알게 하고 그 사상과 지식을 진흥시켰다는 것이며 성왕때에는 불교에 관한 경전 및 공인들이 많이 건너갔지만 그 중에 오경박사와 역박사를 보냈다는 기록이 있는 바[40] 오경이라 함은 역, 서, 시, 예, 춘추라는 유교의 기본경전인데 오경박사 외에 특히 역박사제도가 따로 백제에 있는 것을 보면 백제에서는 그만큼 易經의 원리인 생성원리, 음양원리에 깊은 관심을 가지고 있었고 유교가 왕성했다는 증거이다. 또 왕인이 논어와 천자문을 가지고 간 사실은 논어는 공자의 언어, 행위, 사상 등 전반에 걸쳐 수록한 경서인 동시에 천자문에 천지현황, 우주홍황 등은 우주의 원리를 설명한 내용이며 孝當渴力 忠則盡命은 인사를 설명한 서책이니, 이 두 가지 서책을 전하였다고 하는 것은 그 밑에 흐르는 유교의 사상을 보여주는 것이다. 한편 유교의 충의사상에 대한 발로는 백제멸망 후 4년에 걸친 부흥운동의 치열한 모습에서도 찾아 볼 수 있다. 그 실례로 흑치상지의 부흥운동을 들 수 있다. 흑치상지는 백제멸망 후 酋長 10여 인과 더불어 임존성에 웅거하면서 부흥운동을 일으키매 불과 10일 안에 합세하는 무리들이 3만이 되었으며 2백여 성을 수복하였고, 소정방은 이를 소탕하고

人手 相率至此 投江而死 故俗云墮死岩 斯乃俚諺之訛也 但宮人之墮死 義慈卒於唐 唐史有名文」).

[40] 『續日本記』 권40 桓武紀延曆九年七月條(이병도・김재원, 「삼국의 문화 삼국시대 문화의 동류」, 『韓國史』 古代篇 제9편, 607~610쪽).

자 군대를 파견, 섬멸시키려 하였으나 이기지 못했다.41)

　이곳을 중심으로 왕족 복신과 승려 도침 등도 이에 합세하여 부흥운동에 힘썼으니 이러한 충의정신은 고구려나 신라의 멸망 후에 부흥운동이 없었던 것으로 보아 백제만이 가지고 있는 특유한 절의사상이라고 볼 수 있으며 따라서 이것은 유교의 정통사상이 백제 국민에게 생활화된 일면으로 판단된다.

6. 백제 유교사상의 영향

　다음은 백제멸망 이후로 백제사상의 근간이 되어온 유교사상은 어떻게 영향을 끼쳤는가 고찰해보겠다. 백제멸망 후 신라통일기 330년을 지난 신라말기에 이르러서도 백제 부흥운동이 견훤에 의하여 치열하게 재연되었다.

　견훤은 의자왕의 분함을 씻고자 후백제를 건국하였다고 주장하는 것이니 견훤이 비록 상주지방에서 태어나 비장노릇을 하였으나 옛 백제지방에 있는 동안에 백제복구운동의 결심이 생겼으니 이것은 아무래도 백제멸망 후에 일어났던 충의심에서 일어난 부흥운동의 연장이라 보아도 무방힐 것이다.42) 그후 고려 5백

---

41) 김부식, 앞의 책, 열전 제4 흑치상지조(「黑齒常之 百濟西部人 長七尺餘 驍毅有謀略 爲百濟達率 兼風達郡將 猶唐刺史云 蘇定方平百濟 常之以所部降而定方囚老王 縱兵大掠 常之懼 與左右酋長十餘人遯 去 嘯合遯亡 依任存山自固 不旬日歸者三萬 定方勒兵攻之 不克 遂復二百餘城 (下略)」).

42) 김부식, 앞의 책, 열전 제10 견훤조(「(上略) 萱西巡至完山州 州民迎勞 萱喜得人心 謂左右曰 吾原三國之始 馬韓先起 後赫世勃興 故辰卞從之而興 於是 百濟開國金馬山六百餘年 摠章中 唐高宗 以新羅之請 遣將軍蘇定方 以船兵十三萬越海 新羅金庚信卷土歷黃山 至泗沘 與唐兵 合攻百濟滅之 今予敢不立都於完山 以雪義慈宿憤乎 遂自稱後百濟

년을 지나 조선왕조에 이르러서는 국가의 정치이념을 유교에 두었는데 이때에 지도역할을 한 인사들이 주로 기호지방에서 나왔다는 사실이다. 李珥는 조선시대 기호학파의 대표인물43)이 되었고 그의 학풍을 이은 예학파 김장생44)은 기호인이며 충을 대표한다고 볼 수 있는 이순신45)도 역시 기호인이니 백제시대에 끼쳤던 유교의 생활화된 바탕이 조선시대까지 계승된 것이라고 생각된다. 특히 韓·日 강제 합방 이후에도 백제지역인 충청도지방에서 많은 義士와 烈士가 배출된 것도 절의사상을 바탕으로 한 백제 유교사상의 영향에서 나왔다고 판단된다.

7. 결언

이상에서 논한 것을 정리해보면 우리나라 고유의 고대사상은 고대 농경사회에서 공통적으로 볼 수 있는 하나님 사상 즉 환, 밝달 등의 사상이었다고 볼 수 있는데 이것이 삼국시대에 와서는 삼국이 모두 한결같이 이 사상을 이어 받았지만 유, 불, 선 등 외래사상의 유입으로 점점 변화하여 고구려는 유, 불, 선 3교 가운데 선교적인 경향으로 흘렀다고 보이는 바 연개소문의 선교진흥정책이 바로 이것을 뒷받침해주고 있다. 신라는 유, 불, 선 3교 중 불교적인 특색이 강하다. 그것은 통일의 근간이 된 화랑도 정신이 불교적이며, 그후로 원효와 같은 고승들을 배출하여 불교사상의 생활화에 이바지한 데서 이와 같이 단정할 수 있다. 백제

王 (下略)」).
43) 이홍직 편, 1984,『국사대사전』이이조, 삼영출판사.
44) 이홍직 편, 앞의 책, 김장생조.
45) 이홍직 편, 앞의 책, 이순신조.

는 유, 불, 선 3교 중 선교적·불교적인 일면이 많이 있어 외국에까지 영향을 끼쳤지만 유교적인 특색이 사상의 주류가 되었다고 판단된다. 그것은 국민의 생활화된 절의사상들이 유교에 바탕을 둔 때문이라 하겠다. 이 유교적 의리사상은 조선시대 말기까지 계승되어 내려와 충신 열사들이 옛 백제지역에서 많이 배출된 것으로 판단된다.

百濟僧 道琛의 思想的 背景과 復興活動

1. 도언
2. 道琛의 思想的 背景
3. 道琛의 復興活動
4. 결론

1. 도언

이 글에서는 백제가 멸망한 직후 승려로서 백제부흥운동에 앞장서서 참여했던 道琛의 생애와 부흥활동에 대해서 최대한 규명해봄으로써 그 역사적 의의를 도출해보려고 한다.

연구방법은 도침과 관련된 사료원문을 아래 본문에 열거하고 이를 분석해나가면서 방증자료로 이를 보완 설명해나가려고 한다.

연구내용은 첫째로, 도침은 승려로서 부흥운동에 참여를 했다. 따라서 그의 사상적 배경은 불교인데, 백제불교가 어떠했기에 수도하는 승려가 선봉장에 나섰을까? 그는 부흥운동군의 총수까지 올랐는데 평소에 군과 아무런 관련이 없이 일조일석에 군의 대권을 장악할 수 있었을까? 있었다고 하면 그 관계는 어떠한 것이었는지 추상에 불과하지만 도출해보려고 한다. 둘째로 도침이 부흥운동권의 총수가 된 후 8개월 여에 걸친 그의 활동상을 부각시켜봄으로써 부흥운동의 역사적 의의를 알아보는 한편, 僧戰史의 제1인자적 위치에 놓이게 된 도침 부흥운동의 의의를 알아보는 내용으로 본고를 작성해나가려고 한다.

이 글은 1992년 3월 28~29일 양일간에 걸쳐서 민속학회에서 주관한 恩山別神祭 韓·日 學術大會에서 발표한 내용을 보완 개고한 글임을 밝혀둔다.

2. 道琛의 思想的 背景

백제사료가 영세하다고 하는 것은 다 알려져 있는 사실이지만 도침에 관련된 사료는 더욱 희소해서 다음에 열거하는 몇 줄밖에 되지 않아서 새삼 영세함을 느끼게 한다.

史料 1
舊唐書 卷 199, 列傳 149, 上, 東夷百濟
百濟僧道琛 舊將福信 率衆據周留城以叛 遣使往倭國 迎故王子扶餘豊立爲王 其西部北部 並翻城應之 時郎將劉仁願 留鎭於百濟府城 道琛等引兵圍之 帶方州刺史劉仁軌代文度統衆 便道發新羅兵 合契以救仁願 戰闘而前 所向皆下 道琛等於熊津江口 立兩柵以拒官軍 仁軌與新羅兵 四面夾擊之 賊衆退走入柵 阻水橋狹 墮水及戰死萬餘人 道琛等乃釋仁願之圍 退保任存城 新羅兵士以糧盡引還 時龍朔元年三月也 於是道琛自稱領軍將軍 福信自稱霜岑將軍 招誘叛亡 其勢益張 使告仁軌曰 聞大唐與新羅約誓百濟無問老少 一切殺之 然後以國付新羅 與其受死 豈若戰亡 所以聚結自固守耳 仁軌作書 具陳禍福 遺使諭之 道琛等恃衆驕倨 置仁軌之使於外舘傳語謂曰 使人官職小 我是一國大將 不合自參 不答書遺之 尋而福信殺道琛 幷其兵衆 扶餘豊但主祭而已.

史料 2
新唐書 卷 220, 列傳 145, 東夷百濟
璋1) 從子福信嘗將兵 乃與浮屠道琛周留城反

史料 3
劉仁願 紀功碑
有僞僧道琛 僞杆率 鬼室福信 出自閭巷… 爲其魁首 招集狂狡 保據任存 蜂屯蝟起 彌山滿谷 假名盜位 單○○軍 墮城破邑 漸入中部… 自謂興亡絶繼 …

위에서 제시한 사료 1을 보면 도침은 출가한 승려로서 백제부흥운동에 참여했다. 따라서 불교는 그의 사상적 배경이 되었으므로 이에 대해서 살펴보고자 한다.

백제에 불교가 들어온 것은 枕流王 元年(384)이고, 비약적 발전을 보게 된 것은 聖王(523~553)때부터이다. 성왕 4년(526)에는 謙益이 인도까지 가서 梵本五部律을 가지고 와서 百濟律宗의 鼻祖가 되었고2) 성왕 19년(541)에는 중국 梁나라에 사신을 파견 大乘戒經인 涅槃經義(疏)를 들여와 연구케 한 바 있고, 威德王때 熊川人 玄光은 역시 중국에 가서 法華經을 수학 귀국한 바3) 있어 이것이 백제불교의 주류를 형성하고 있는 한편 彌勒信仰도

---

1) 璋은 武王의 諱다. 舊唐書 劉仁軌傳과 아래에서 예시할 劉仁願紀功碑 및 資治通鑑은 史料 1에서 예시한 바와 같이 道琛 福信의 순으로 기록하고 있는 반면에 三國史記에서는 史料 2에서 제시한 재료대로 福信과 道琛의 서열이 바뀌어져 기록하고 있다. 이 두 가지 사료를 인용해서 다른 사료들은 답습하고 있다. 일본측 사료에는 福信에 대한 기록만 있을 뿐이다.
2) 안계현, 1979, 韓國佛敎史, 「韓國文化史大系」 『宗敎哲學』, 高麗大學校 民族文化硏究所, 194쪽.
3) 안계현, 앞의 글.

성행했다.4) 도침의 부흥활동 참여는 인명살생을 수반하는 군사적 활동임을 감안해볼 때 아마도 大乘的 성격을 띠고 있는 법화사상이 그의 사상적 배경이 되지 않았을까 하는 생각이 든다.

다음은 불교와 밀접한 관계가 있는 寺址에 대해서 알아보기로 하겠다. 창사활동이 활발했던 시기는 역시 泗沘時代(538~660)이다. 사비시대 서울인 지금의 부여를 중심으로 사지를 살펴보면 주변에는 王興寺址(위덕왕~무왕)를 비롯해서 臨江寺址, 金剛寺址 등이 남아 있고, 익산에는 彌勒寺址, 공주에는 水源寺址 등 무려 10여 개소5)의 사지가 있는 것으로 알려져 있다.

도침은 승려이면서 군사적인 부흥활동에 참여했으니 만큼, 양자를 관련시켜 생각해볼 수 있는 사지는 군사적 지명이 붙여져 있는 軍守里寺址이다. 군수리사지는 一塔一金堂式의 전형적인 백제식 가람배치인데, 이곳에서는 백제시대 불상 등 많은 유물들이 출토되어 조사 보고된 바 있다.6) 이곳에서는 사찰과 관련된 유물·유적이 확인되었을 뿐 군사와 관련된 것은 아직 확인된 바 없다. 『周書異域』상 백제전에 의하면 사비 도성 안에는 5부 제도가 실시되고 있었으며, 각 부에는 5백 명씩 총 2천 5백 명의 병력이 배치되어 있었다고 전하는데, 이들이 주둔하고 있었던 곳은 어디일까 하는 의문이 제기되는 한편 도침이 승려이니 만큼

---

4) 이능화, 「韓國佛敎通史」 上篇 彌勒佛光事蹟 所引, 33~34쪽.
『三國遺事』 권3 塔像 4 彌勒仙花 未尸郎 眞慈大師조; 『三國遺事』, 紀異 2, 武王조.
5) '第6章 佛敎文化 寺址', 「扶餘郡誌」, 扶餘郡誌編纂委員會, 1987, 770~792쪽.
6) "第4扶餘軍守里廢寺址 發掘調査(槪要)," 「古蹟調査報告」, 1936, 45~55쪽.

군사적 지명에 위치하고 있는 군수리사지에 주목이 간다. 승려인 도침의 군사적 활동을 감안해볼 때 그의 활발한 군사활동은 일조일석에 이루어진 것은 아니고, 평소 군사활동과 밀접한 관계가 있었음으로 해서 이루어진 성과라고 판단되어 군수리에 있는 군수리사지가 주목을 끌게 하는 것이다. 승려인 도침이 군사적인 부흥활동에 참여하게 된 동기에 대해서는 직접적인 사료가 없어서 알 길이 없으나 신라의 경우 승려인 圓光法師가 화랑과 연관을 가지면서 정신적인 지도자로서의 기능을 수행한 바 있고, 고구려의 경우 男建이 浮屠 信誠에게 군사의 일을 맡긴 것7) 등에서 추론해볼 때 도침도 이와 같이 군인의 정신적인 면이나 군사활동에 영향을 끼쳤을 가능성은 충분히 있었다고 추정된다.

3. 道琛의 復興活動

史料 1에서 제시한 바와 같이 『舊唐書』에는 승려인 도침과 福信8)이 군중을 이끌고 周留城9)에서 반란을 일으키고 사신을 왜

---

7) 노중국, 1992, "百濟의 復興運動과 福信", 「恩山別神祭 韓日學術大會」, 『民俗學會』, 36쪽.
8) 福信은 武王의 조카이며 장수이다. 劉仁願紀功碑에는 福信의 관등이 5位 扞率로 되어 있으나 백제가 멸망한 직후 9월 백제 사신이 일본에 가서 보고한 내용에는 西部恩率 鬼室福信으로 되어 있어 3位에 올라 있고, 10월에 가서 보고한 내용에는 1位인 佐平鬼室福信으로 되어 있다. 불과 수 개월 사이에 5位에서 1位 관등으로 승급했음을 알 수 있는데, 福信의 일면을 잘 설명해주는 자료라 할 수 있다.
9) 周留城의 위치 비정에 대해서는 많은 학설이 있으나, 필자는 이병도의 舒川 韓山의 乾支山城說에 따르기로 한다. 이 산성은 금강 입구에서 사비도성인 부여로 통하는 전략 요충지에 위치하고 있다(이병도 역주, 1977, 『三國史記』, 429쪽).

국에 파견해서 왕자 扶餘豊을 영입해서 왕으로 삼으니 서북부에 있는 성들이 이에 호응하였다. 이때 郎將 劉仁願은 백제 府城에 주둔하고 있었는데, 도침의 무리들이 군사를 이끌고 포위하니 帶方州刺史 劉仁軌가 왕문도를 대신해서 군중을 이끌고 지름길로 달려오는 한편 신라병을 발동시켜 유인원의 군사를 구원케 하여 싸움마다 이기고 진군을 했다.10) 이에 도침은 웅진강 입구 양편에 목책을 세우고 관군 (라·당군)에 대항하니 羅·唐軍은 사방에서 이를 공격하므로 백제군은 전사하거나 물에 빠진 자가 1만여 명이나 되었다. 도침의 군사들은 이때 유인원을 포위했던 병력을 풀어 任存城으로 퇴각하고 신라 병사는 양식이 떨어져서 철군하니 龍朔元年(661) 3월의 일이다.

이 사료는 백제부흥운동의 초기 가운데에서도 전반기에 해당하는 부분의 기록이니 660년 7월, 백제가 멸망한 후 도침이 주류성에서 부흥운동을 일으키면서부터 임존성으로 거점을 옮길 때까지의 활동상황이다.

이 무렵에 해당되는 백제부흥운동군의 활동상황을 열거하면 다음과 같다.

『三國史記』「新羅本紀」 第5 太宗武烈王 7年(660) 7月 조.

7월 18일 백제 멸망

백제 餘賊이 南岑·貞峴 ○○○城을 거점으로 삼았고, 좌평

---

10) 이병도는 복신과 도침이 周留城이 아니라 任存城에서 거병한 것으로 기록하고 있다(주9, 427~429쪽). 필자는 본문에 있는 대로 周留城 거병을 주장한다. 그리고 이병도는 백제군의 패전과 劉仁軌의 승전을 인정하지 않고 있다.

正武는 군중을 모아 豆尸原嶽에 주둔한 후 唐·羅人을 약탈했다.

7월 26일 신라군이 임존성을 공격했으나 이기지 못했다.

9월 3일 유인원이 1만군의 군사로 사비성에 留鎭하였다.

9월 23일 백제 여적이 사비성에 진입하니 유인원이 이를 내쫓았다. 벡제군은 사비남령에 올라가서 목책 4~5개 소를 세운 후 이곳을 근거지로 삼고 성읍을 침략하니 백제인이 반란을 일으키고 20여 성이 이에 호응을 했다.

10월 9일 신라군이 尒禮城을 공격, 10일만에 공취하였다.

10월 30일 신라군이 사비 남령 군책을 공격 1천 5백 인을 참수했다.

11월 5일 신라군이 王興寺岑城을 공격해서 7백 인을 참수했다.

8년(661) 2월 백제 잔적이 사비성을 공략해왔다. 3월 5일에는 신라군이 豆良尹城 남쪽에 진군한 후 12일부터 36일간에 걸쳐서 공격했으나 이기지 못하고 말았다.

『구당서』 권110, 열전 제35

흑치상지는 백제 서부 사람인데 달솔의 지위에 있었다. 風達郡將으로 있었던 흑치상지는 소정방이 백제를 평정한 후 좌우 추장 10여 명과 더불어 군중을 모아 임존성에서 굳게 지키니 불과 10일만에 3만 명의 병력이 집결했다. 소정방이 정예부대를 파견해서 공격했으나 이기지 못하였고, 흑치상지는 2백여 성을 회복하는 전과를 올렸다.

『日本書紀』권26 齊明天王 6년 9월 조 (660)

　　백제에서 달솔 (闕名) 직위에 있는 자와 승려 覺從이 일본에 와서 알리기를 7월에 라·당 연합군에 의해서 백제가 멸망했음과 서부 은솔 鬼室福信이 任射岐城(或本云北任叙利山)에서 부흥운동을 일으켰으며, 達率 餘自盡은 久麻怒利城(或本云都都岐留山)에 근거지를 두고 산졸을 모아 대항하니 당군도 감히 진군을 못했다. 복신 등은 국인들과 힘을 합해서 왕성을 보존하니 국인들이 복신과 자진을 존경하고 있음을 알렸다.

　　10월에는 백제 좌평 복신 등이 좌평 貴智들로 하여금 당인 포로 1백여 인을 함께 보내면서 군사원조와 왕자 부여풍을 모셔서 국왕으로 삼겠다고 하는 글을 보내왔다.

　　이상에서 제시한 자료들이 백제가 멸망한 직후(660. 7)부터 다음 해 3월(661. 3)까지 약 8개월에 걸친 백제부흥운동에 대한 자료이다. 이 시기는 바로 道琛의 부흥활동 시기에 해당되는 기간이 된다.

　　위에서 제시한 사료를 보면 백제의 부흥운동은 백제가 멸망한 직후인 7월 18일부터 南岑과 貞峴 ㅇㅇㅇ城 등에서 시작이 되었고 7월 26일에는 신라군이 임존성을 공격했으나 이기지 못했다. 이 싸움은 서부 사람인 흑치상지와 복신의 근거지가 임존성이었으므로 이들과의 전투였을 것으로 추정되며 흑치상지는 이때 이미 2백여 성을 수복했을 무렵이다. 이 싸움에 임존성에서 복신이 가담했으리라고 추정되는 것은 그해 9월에 일본에 건너가서 복신이 任射岐城에서 부흥운동을 일으켰다고 전해준 사자의 말은 바로 이 전투를 설명해준 사실로 풀이된다(미상이나 필자는 임존성으로 추정).

백제부흥운동에 대한 신라측 기록에서 처음으로 사비성에 대해서 공격한 날짜는 9월 23일이요, 이때 백제 부흥군은 사비 남령에 목책 4~5개 소를 세우고 이곳을 근거지로 해서 사비성을 공격하니 20여 성이 이에 호응했다고 한다. 이 전투의 주동 인물에 대해서는 언급이 없으나 사료 1에서 제시한 『구당서』의 내용에 도침 등이 웅진강구 양편에 목책을 세우고 항거했다고 하는 사실과 같아서 이때의 전투를 가리킨 것이 아닌가 한다. 이때 도침은 南留城(韓山乾支山城)에 근거지를 두고 부흥운동을 시작할 무렵이었는데 이 무렵에 승려 覺從이 일본에 건너가서 백제의 멸망과 복신의 부흥운동을 높이 평가하며 알린 것을 보면 복신의 부흥활동은 임존성을 중심으로 전개했을 때며 도침은 이때까지만 해도 전투개시를 하고 있지 않은 때이므로 도침의 활동에 대해서는 전하지 않은 것으로 풀이된다. 覺從이 승려이니 만큼 도침과는 밀접한 관계가 있었으리라고 하는 것은 쉽게 짐작이 가며 도일한 목적은 백제의 멸망사실과 부흥운동에 대한 원조를 얻어내는 것이 그 목적이었을 것이다. 사료 1의 『구당서』에 도침과 복신이 주류성에서 반란을 일으키는 한편 일본에 사신을 파견해서 왕자 부여풍을 왕으로 삼겠다고 하는 기록이 이 사실을 뒷받침해주고 있다.

 사비성을 중심으로 해서 일어난 전투는 10월 30일에 泗沘南嶺軍柵을 신라군이 공격해온 일이 있고, 다음해 2월에 百濟殘賊(부흥운동군)이 사비성을 공격해온 일이 있다. 10월과 2월 두 번에 걸쳐 사비성 부근에서 일어난 전투는 위에서도 언급한 바와 같이 도침이 관련된 부흥운동 전투였음을 추정할 수 있다.

 사료 1 『구당서』의 기록에는 9월 23일의 사비성 공격과 10월

30일 사비 남령에 근거지를 두고 있는 백제부흥군에 대한 신라군의 공격 그리고 다음해 2월 백제부흥운동군의 사비성 공격에 대해서 단 한번 있었던 전투로 기록하고 있음을 알 수 있는데 사실은 그동안 여러 차례에 걸쳐서 전투가 있었으리라고 믿어지는 사비성 공격은 사비성 남령에 근거지를 마련하고 20여 성이 호응해오는 공을 세우기도 했으나 유인궤와 신라군의 합동 공세로 유인원의 군대가 주둔하고 있었던 사비성을 풀어주고 1만여 명의 사상자를 낸 채 임존성으로 가서 복신과 흑치상지가 지휘하는 부흥운동군에 합세한 것으로 보인다. 백제가 멸망한 직후부터 다음 해 3월까지 벌어진 백제부흥운동군의 활동상황을 종합해보면 주류성을 근거지로 한 도침의 부흥군은 사비성을 공격하여 근거지를 마련하는 전과를 가져왔고 임존성을 근거지로 하는 부흥군은 복신과 흑치상지가 지휘하고 있었으며 餘自盡은 久麻怒利城(熊津城?)을 근거지로 해서 부흥운동을 벌였음을 알 수 있는데, 이 사실을 劉仁願紀功碑에는 백제 부흥군이 벌떼처럼 여기저기서 일어났다고 표현하고 있다(蜂屯蝟起).

임존성에 집결한 부흥운동군은 이제까지의 전투결과를 종합분석해본 후 전공에 따라서 서열을 정한 듯 한데 그 결과 도침은 領軍將軍이 되고 복신은 霜岑將軍이 되었다. 영군장군이라고 하는 직책으로 보아서 도침이 부흥운동군의 총수가 된 것이다. 상잠장군이라는 직책은 명칭으로 보아서 형벌을 주관하는 秋官의 승격을 가진 것이 아닌가 한다. 어쨌든 유인원기공비나 『구당서』에서 볼 수 있는 바와 같이 상잠장군인 복신보다 영군장군인 도침의 이름이 먼저 게재되어 있는 것으로 보아서 복신보다 도침이 상위직에 있었던 것만은 분명하다. 왕족이면서 은솔에서 좌평까지 승진한 복신이 도침의 지휘하에 놓이게 된 것은 결코 우연히 이루어진 일이 아니며 그 동안에 있었던 전과와 그의 영도력 및 인품에 의해서 이루어진 직책이라고 보인다. 그는 유인궤가 보낸 사신의 직책이 대장인 자신의 직책보다 낮다고 해서 접견조차 하지 않고 돌려보내는 기염을 토한 사실 등으로 미루어 보아 분명히 백제부흥군의 총수인 대장이었던 것이다. 일개 승려의 신분으로 부흥군을 이끌고 유인원, 유인궤의 당군 및 신라군과 마주 싸워서 사비성을 공격하고 근거지를 마련하는 등의 혁혁한 공을 세운 도침은 부흥군의 총수인 영군장군의 지위에 오른 것이다. 이와 같이 부흥운동의 주도권을 도침에게 빼앗기자 귀족이면서 좌평의 관직까지 역임하고 있던 복신이 도침을 살해하고 마는 결과를 가져오게 된 것은 어쩌면 당연한 귀결일는지도 모른다. 복신은 부흥운동 후기에 왕자 풍을 살해하려고 시도하다가 도리어 살해된 사실로 미루어보아 야심만만한 사람됨을 잘 알 수 있어 도침의 살해는 예견된 일이라 하겠다.

4. 결론

앞에서 검토해본 자료를 가지고 도침의 사상적 배경과 부흥활동에 대한 결론을 내보기로 한다.

첫째, 도침의 사상적 배경과 그의 근거지에 대한 추정문제이다. 그의 사상적 배경이 된 것은 불교이며, 그 가운데에서도 법화사상이 근간이 되었으리라고 추정된다. 그것은 법화사상이 대승적 성격을 띠고 있기 때문이다. 그리고 부흥운동을 일으키기 전 그가 거주하고 있었던 근거지는 군사적 지명이 붙어 있는 군수리사지일 것으로 추정해보았다. 그는 승려생활을 통해서 승려 간에 존경을 받았을 뿐만 아니라 군부 내에서도 존경받을 만한 인물이었기에 백제멸망 직후부터 周留城을 근거지로 많은 군중들이 모여 부흥운동을 일으켰던 것으로 믿어진다. 기록상으로 2차에 걸친 사비성의 공격과 근거지의 확보 및 20여 성의 합세를 유도해낸 그의 용병술과 전략은 비범했음을 입증해주는 자료이며, 이와 같은 전과는 일조일석간에 이루어질 수 없어 평상시 군과 밀접한 관계가 있었던 것으로 추정해보았다. 그것은 도침의 위상이 신라의 경우 원광법사, 고구려의 경우 신성의 위치가 아니었을까 한다.

둘째, 661년 3월 도침은 임존성으로 근거지를 옮겼다. 복신과 흑치상지 (부여) 등도 이곳에 집결하여 장기전에 돌입했다. 이때 도침은 영군장군, 복신은 상잠장군이 되어 부흥운동군의 총수가 되었다. 이것은 그간에 있었던 전적과 그의 사람됨을 감안한 민신의 귀결로 주어진 직책이라고 생각한다. 도침이 유인궤가 보낸 사신을 이 나라의 대장인 나에게 부합되지 않는 사신이라 하여 접견조차 안하고 돌려보낸 사실은 도침의 당시 위치를 잘 설명해주는 자료하고 생각된다.

셋째, 백제가 멸망한 직후 9월에 승려인 각종이 일본에 건너가서 백제멸망의 사실과 복신의 부흥활동을 알렸는데 이것은 아마도 구원을 요청하는 것이 목적이었을 것으로 판단된다. 도침과 각종이 다 같이 승려이니 만치 도침과의 연계 하에 도일했을 것으로 보이며, 이때는 도침이 군사행위를 벌이기 전이므로 복신의 부흥활동의 뜻만 알리고 도침의 부흥활동의 실상에 대해서는 전하지 않은 것 같으며, 왕족이면서 지위도 높았던 복신이 도침보다 일본에는 더 잘 알려진 인물이었을 것으로 생각된다. 가장 신빙성 있는 사료라고 평가할 수 있는 유인원기공비에는 복신보다 도침의 서열이 위이며, 『구당서』에서도 이와 같은 기록이 있어 실제적으로 복신보다 도침의 위치가 상위였음을 입증해주고 있다.

넷째, 부흥군의 총수가 된 도침은 복신에게 살해되고 말았다. 복신은 부흥운동 말기에 풍왕을 살해한 후 전권을 장악하려고 시도하다가 도리어 풍에게 살해되고 만 사실로 미루어보아 자신의 정적인 도침을 살해하고 만 것은 어쩌면 당연한 귀결이라고 할 수 있다. 왕족이면서 지위도 높았던 복신이 일개 승려의 휘하에 있다고 하는 것은 자존심이 허락하지 않았을 것으로 보인다.

다섯째, 수도하던 승려인 도침은 적수공권으로 구국운동에 나섰다가 살해되고 말았으나, 그 역사적 의의는 자못 크다. 이 부흥운동이 한국역사상 僧戰史의 효시가 되었으며, 그 정신은 고려 말 紅巾賊의 亂에 승군이 참여하고, 조선시대에는 西山大師·泗溟堂으로 계승되는 護國抗爭[11]의 계기가 되었으니 그 영향은 자못 크다고 할 수 있다.

---

11) 우점상, 1959, "李朝佛敎의 護國思想에 對하여", 「佛敎學論文集」, 『백성도 박사 공송수기념』, 571~579쪽.

03

百濟儀式考* － 祭儀・田獵・巡撫・閱兵・習射儀式에 관한 검토

1. 서언
2. 제의관계기사의 검토
3. 田獵・巡撫 관계기사의 검토
4. 閱兵 習射記事의 檢討
5. 餘言

1. 서언

　백제의 정치사상에 대한 연구는 그 사료의 부족으로 쉽게 접근할 수 없었던 분야이다. 그러나 백제의 정치에 대한 적은 사료를 가지고 체계적인 백제의 발전과정을 이해하기는 어렵다고 하더라도 편린과 같은 사료들에 대해 약간의 검토를 통하여 좀더 백제시의 근저에 낄린 일면을 조명해보아야 할 것이다. 이런 의미에서 주목될 것이 제사에 대한 기사와 田獵・巡撫・閱兵・習射儀式에 대한 기사라 생각된다. 이들 기사들은 비판적 정리를 통해 사료로서의 가치를 인정받지 못하고 있었다고 생각된다. 백제사 전반에 걸친 연구를 활성화하기 위해서는 이들 기사들에 대한 긍정적인 사료로서의 취급이 선행되지 않고는 기대하기 힘들 것으로 사료된다.

---

* 車勇杰(충북대학교 교수), 공동집필.

이 글은 이러한 입장에서 약간의 억측을 더해보려 한다. 필자들의 역량 부족으로 인하여 자못 곡해가 있을 수 있겠으나 금후의 叱正을 통해서 차츰 의견을 더하여 후일 종합적인 재검토를 하고자 한다.

2. 제의관계기사의 검토

고대의 思惟觀念을 중요한 기록으로는 신화나 전설에 못지 않게 제사나 기원 혹은 종교에 관한 기록이 검토되어야 할 것이다. 고구려나 신라에서는 건국에 관계된 전통이 꽤 고형을 유지한 것으로 많은 연구자들에 의해 언급되어 왔다.[1] 그러나 백제의 건국설화는 동명신화가 재생산되는 형태로써 성립되었던 까닭으로 동명신화의 부속적인 성격을 면치 못하나 역사성이 보다 신빙되는 면이 있다.[2] 따라서 백제에서 정치사상 내지 정신적·종교적인 사유관념을 제사에 관계된 기록을 통하여 약간 알아볼 수 있을 것이다. 이러한 시도는 일찍이 크게 주목된 바는 적으나[3] 백제사 전반에 걸친 연구열의 고조와 함께 차츰 다각적으로

---

1) 이런 문제에 대해 언급한 대표적인 것으로는 다음과 같은 연구가 있다(三品彰英, 1973, 「古代祭政と穀靈神仰」, 『三品彰英論文集』 제5권; 金哲埈, 1975, 「동명왕편에 보이는 신모의 성격」, 『韓國古代社會研究』; 邊太燮, 「廟制의 變遷을 통해서 본 신라사회의 발전과정」, 『歷史敎育』 8; ____, 「韓國古代의 繼世思想과 祖上崇拜信仰」 上·下, 『歷史敎育』 3, 4; 홍순창, 「古代 한국민족의 대지 및 곡물숭배에 대하여」, 『동양문화』 9; 井上秀雄, 1976, 「神話に現われた高句麗王の性格」, 『조선학보』 81; 申瀅植, 「巡幸을 통해본 삼국시대의 왕」, 『한국학보』 25; 김용선, 「高句麗 琉璃王考」, 『역사학보』 87.
2) 김철준, 1975, 「백제사회와 그 문화」, 『한국고대사회연구』, 45쪽.
3) 홍순창, 앞의 논문에서 백제의 제천기사가 검토되었으나 중국의 고

구명되어야 할 것이라 생각된다.

백제에 관한 『삼국사기』의 기사 가운데 제의와 직접 관계되는 것은 다음의 세 가지가 보인다.

  A. 태조인 동명에 대한 묘와 온조의 모인 國母墓
  B. 大壇 혹은 南壇을 축조하고 천지 혹은 천지산천에 제사한 祭天祀地
  C. 祈雨

시조묘에 대한 숭배는 고구려나 신라에서 다 같이 있었으니 졸본에 있는 시조묘와 혁거세묘에 배알했다고 하는 것이 그 예이다.4) 고구려에서는 또한 시조묘뿐만 아니라 동명의 모친인 유화가 동부여에서 薨去하자 그곳의 금와왕이 태후의 예로 장례를 하고 신묘를 세웠다고 한다.5) 그러니까 고구려의 경우는 시조인

  전적에 보이는 천자의 제사를 본뜬 것으로 백제 고유의 의례로 보기 어렵다고 하였다. 차용걸의 글(「백제의 제천祀地와 정치체제의 변화」, 『한국학보』 11)에서는 이에 대해 언급하면서 부여계의 문화권에 공통된 제의로 파악하고 있음을 볼 수 있다.
4) 『삼국사기』 잡지 제1, 4에서 『삼국사기』 찬자의 按說이 있는 바 「按新羅宗廟之制 第二代 南解王三年春 始立始祖赫居世廟 四時祭之 以親妹阿老主祭. 第二十二代 智證王 於始祖誕降之地奈乙 創立神宮 以享之. 至第三十六代 惠恭王 始定五廟 以味鄒王爲金姓始祖 以太宗大王·文武大王 平百濟·高句麗有大功德 並爲世世不毀之宗 兼親廟二爲五廟. 至第三十七代 宣德王 立社稷壇」이라 하여 신라에서 오묘제나 사직단은 통일신라 중대 왕권의 말기에 비로소 이루어지고 있음을 보여주고 있다. 고구려는 사직이라 할 수 있는 것이 이미 故國壤壞王 9년 3월에 '立國社'라고 보이고 있음도 주목될 것이다.
5) 『삼국사기』 제사지에서 「古記云, 東明王十四年秋八月 王母柳花薨於東扶餘 其王金蛙以大后禮葬之 遂立神廟 大祖王六十九年 冬十月 幸扶餘 祀大后廟」라고 보이고 고구려 본기 제1 동명왕 12년 秋 8월에 동일한 기사가 보임과 아울러 冬 10월에는 「遣使扶餘饋方物 以報其德」이란 기사가 있다. 高句麗 本紀 第3 太祖大王 69年 冬十月에는 「王幸扶餘 祀太后廟 存問百姓窮困者 賜物有差 肅愼使來獻紫狐裘及白

동명묘와 시조의 모인 유화의 神廟가 있었음을 알 수 있다. 백제에서는 시조인 온조이면서 그의 부친인 동명묘와, 온조의 어머니인 졸본부여왕의 둘째 딸 혹은 졸본인 延陁勃의 딸인 召西奴를 국모묘로 하는 두 개의 묘가 있었다.6) 시조묘가 이처럼 시조의 母后를 동반하고 있음은 신라와는 다른 양상이며 고구려와 백제가 함께 그들의 시조를 동명으로 숭배하면서 그의 모와 처를 각각 왕모, 국모로 묘를 세우고 있음을 알 수 있다. 이것은 때로 백제가 고구려와 '同出扶餘'라고 자처하면서도7) 그 모계가 다름으로 인하여 부계는 같은 동명을 시조묘로 하면서 모계는 다른 묘를 가졌던 것이라 하겠다.

『삼국사기』의 제사지에서는 백제의 시조묘에 대해서 배알을 행한 것만을 『고기』를 인용하여 기재하고 있을 뿐, 국모묘에 대해서는 언급이 없다. 본기에서는 온조를 시조로 하면서도 비류시

鷹・白馬 王(宴)勞以遣之」라 하였고 동 11월에 「王至自扶餘 王以遂成統軍國事」라 하였다. 이 시기는 한의 玄菟・遼東二部에 대한 고구려의 공격이 격화된 때이며, 이듬해인 태조왕 70년에 왕은 馬韓・濊貊과 함께 遼東을 침략했다. 이때에 부여왕이 군사를 보내어 도와주었으며 태후묘에의 배알은 부여와의 모종의 친선관계를 맺는 정치적인 목적이 일차적인 것이었을 것이다.

6) 백제시조 溫祚 혹은 沸流의 모에 대해서 『백제본기』에서는 졸본 부여왕의 제2녀 혹은 越郡女가 주몽의 처요, 온조계의 시조전승에서의 것으로 알려져 있고, 「一云始祖沸流王 其父優台」에 있어서는 沸流・온조의 모는 졸본인 延陁勃의 녀인 召西奴로 되어 있다.

7) 蓋鹵王이 북위에 보낸 표문에 「又云 臣與高句麗 源出扶餘 先世之時 篤崇舊款」이라 한 것과 『日本書紀』 卷19 欽明紀 14年 冬 10月에 보이는 「餘昌對日 姓是同姓 位是扞率 年二十九矣」라고 고구려의 용사와 말하는 것 그리고 백제가 사비로 천도하고 국호를 남부여라고 했다는 성왕 16년조의 기사로 보아 백제는 고구려와 함께 동족적인 출발을 했다는 것을 보여준다.

조설도 있었음이 기록되어 있으나 제사지에서는 중국측의 「冊府元龜」를 인용한 다음에 「按海東古記, 或云始祖東明 或云始祖優台. 北史及隋書皆云 東明之後有仇台 立國於帶方 此云始祖仇台, 然東明爲始祖 事迹明白 其餘不可信也」라고 하였음을 보면 『삼국사기』의 찬자는 백제의 시조묘 관계를 기록함에 있어서 중국측 사서보다는 우리나라측의 「해동고기」를 전거로 하여 역시 동명과 우태의 두 가지 설을 제시하고 있으며 『삼국사기』의 찬술에서는 시조가 동명임이 '事迹이 明白'하므로 동명묘로 못박고 '謁始祖廟'라는 불분명한 용법을 쓰지 않고 '謁東明廟'라고 하였던 것이라 생각된다.8)

백제의 시조가 동명이라면 온조는 어찌하여 「백제본기」첫머리에 '백제시조온조왕'이라고 하였을까? 또한 「一云始祖沸流王」이라 하였을까? 모두가 부친을 동명왕으로 하고 있으며 그는 곧 고구려의 시조인 동명(주몽・鄒牟)인 것이다. 고구려의 경우 동명묘의 건립은 대무신왕 3년 3월이라 하였으나 이에 대해서는 의문이 제기되고 있다.9) 고구려의 경우 태조대왕(혹은 국조왕)

---

8) 「고구려」나 「신라본기」에서는 모두 '謁始祖廟'라고 하였으나, 「백제본기」에서는 시조묘가 아닌 '謁東明廟'라고만 하였다.
9) 김용선은 앞의 글에서 동명왕묘가 처음 만들어진 시기가 대무신왕 3년 3월이라고 기록된 「고구려본기」의 기사가 신빙성이 없는 이유를 다음과 같이 말하고 있다. ①『삼국사기』본기의 제사지에 나오는 시조묘 기사를 비교할 때 제사지에는 대무신왕 때에 동명왕묘를 세웠다는 기록이 보이지 않는다. 그러나 이 대무신왕대를 제외한 다른 기사는 본기와 제사지가 거의 일치하고 있다. ② 삼국의 경우를 비교해볼 때 신라의 경우 2대 남해왕 3년 3월에 시조묘가 건립되어 3대 유리왕 때부터 제사를 지냈고, 백제의 경우는 초대 온조왕 원년 5월 동명묘가 세워지고 2대 多婁王 이후부터 제사지내고 있다. 그러나 고구려의 경우 처음으로 시조묘에 제사하였다는 기록은 8대

69년 동 10월에 부여에 행차하여 太后廟에 제사하고 있으며 대무신왕 때 세운 동명묘라고 명시하지는 않고 시조묘에의 배알은 신문왕 3년 추 9월에 「王如卒本 祀始祖廟」라고 보이고 있다. 졸본에 행차한 시조묘에의 배알은 동명묘라고 볼 수도 있겠으나, 동명묘와 고구려의 시조묘가 반드시 일치한다고 볼 수 없게 된다. 『삼국사기』 제사지에서 고구려에 대해 「고기」를 이끌어 태후묘와 시조묘를 언급하고 있지만 동명묘는 언급이 없으며 중국 측의 사료인 北史를 이끌어

「有神祠二所 一曰夫餘神, 刻木作婦人像. 二曰高登神 云是始祖 夫餘神之子 竝置官司 遣人守護 蓋河伯女朱蒙云」.

이라고 하였다. 부여신은 고등신과 모자의 관계에 있다.10)

고구려의 시조신이 고등신 = 주몽 = 동명이라면 백제에서는 그 동명이 시조신으로 숭배되고 있으면서도 건국자인 온조 혹은

신문왕 때에 가서야 비로소 나타나고 있다. 여기서 고구려의 동명묘가 곧 시조묘라면 고씨 왕들만이 시조묘에 제사했던 것이 옳겠다. 그러나 동명묘가 아닌 부여신의 아들 高登神(北史『隋書』등에 보이는)이 곧 동명이라고 단정할 수 있을지도 의문이다.

10) 고구려는 시조묘가 졸본에 있었다고 볼 수 있다. 그러나 동명묘라 할 수 있는 동명사는 요동성에도 있었음을 『신당서』「고려전」에서 볼 수 있다. 즉 645년 4월 李勣이 요동성을 공격할 때의 기사에 「城有朱蒙祠 祠有鎖甲銛矛 妄言前燕世天所降 方圍急 飾美女以婦神 巫言朱蒙悅 城必完」이라고 보인다. 주몽을 모신 주몽사가 요동성에 있었다면 다른 大城 들-즉 신성, 국내성, 평양성 등지에도 있었을 가능성이 있다. 시조묘와 동명사가 일치하는 것인지는 여러모로 보아 재고를 요한다고 하겠다. 왜냐하면 중국 측의 기록에는 부여의 시조도 동명으로 되어 있기도 한데 (通典 故國傳 夫餘 등) 이를 단순히 고구려 동명설화를 후일에 모방한 것으로만 볼 수 있을까?

비류가 시조로 이원성이 엿보인다. 이와 같은 시조신에 대한 이원적인 현상은 시조로서 내세운 동명묘에의 배알만을 통해서는 백제 지배층의 광범한 정신적인 결속에 있어서 취약성을 내포하기 때문에 이루어진 것이었다고 할 수 있을 것이다. 진씨나 해씨와 같은 세력집단과 백제왕 실세력의 결속이 세속적으로는 결혼관계로 이루어진다 하더라도 왕실의 정통성 내지 권위의 유지를 정신적으로 뒷받침할 수 있는 다른 계보의식과 동일집단의식을 내세운 왕의 정치적인 위엄을 조상숭배를 통해 사상적으로 수렴함으로써 왕자의 신성함과 위대함을 높일 수 있었던 원시적인 방법은 천지에의 의탁과 결합됨으로써 좀더 효과적이었을 것이다. 중국의 경우 殷代의 정치와 종교·사상을 결합한 신정 혹은 신성정치의 관념을 대표하는 제정일치·정교일치 내지 샤머니즘적인 신비성에 의한 통치사상은 일찍부터 있어왔던 정치수단이었다. 중국뿐만 아니라 우리의 고대사회에서도 샤머니즘적이고 精靈崇拜的인 면이 강하게 존재하였던 것이다. 제사가 정치와 완전히 분산된 것은 전근대사회에서는 찾기 어려운 양상이며, 제정일치적인 통치사상의 변질은 정치적인 행사에서의 전제로서 어디까지나 정치행시기 주목적이고 제2차적인 목적을 가지면서 祭儀 자체도 꽤 오래 지속되었다고 하겠다.

부여나 고구려·예에 있었다는 제천행사는 그것이 刑獄을 다스리거나 군사행동의 전제로서 행해지든 간에 주요한 정치행위가 동시에 행해졌음에 주목해야 하겠다. 왕은 제천을 행함으로써 斷刑이나 出戰의 합리성을 제천에 참여한 구성원에게 확신시켜 정치행위를 정당화하였던 것이라 볼 수 있을 것이다. 백제에서의 제천사지도 이러한 범위에 속하는 것으로 볼 수 있으며 이것은 시조와 계통이 잡다한 구성원들의 결속과 流移民으로서의 지배층과 토착민으로서의 피지배층 사이를 밀착시키는 데에도 효과가 있었던 것이 아니었을까 생각된다. 백제의 왕들은 정치원리로서 이러한 부여족에 공통된 제천을 이용하고 지배층의 결속에 있어서는 온조계·비류계의 공통의 부모에 해당하는 동명을 모심으로서 지배권을 유지했다고 볼 수 있다.

백제의 제천사지는 부여나 고구려와는 약간 다른 일면도 가지고 있었을 것이다. 부여나 고구려의 제천은 그 원형은 부여에 있어서의

「以殷正月祭天 國中大會, 連日飮食歌舞, 名曰迎鼓. 於是時, 斷刑獄. 解囚徒.」(『三國志』「東夷傳 夫餘」)

라는 것이나 또

「有軍事亦祭天 殺牛觀蹄 以占吉凶 蹄解者爲凶 合者爲吉.」(同上)

이라는 것과 같이 몇 가지 기능을 동반한 것이다. 제천은 국중이 大會하여 수일간 음·식·가·무하는 영고일 때에는 형옥의 단행과 같은 정치행위를 하고 있다. 음·식·가·무가 위주인지 단형이 위주인지는 부여의 전반적인 사회상태의 변환을 언제까지 보느냐에 문제가 있으나 군사가 있으면 제천하여 소를 잡아서 그 발굽으로 길흉을 점치는 것을 보아 그 유래가 매우 오래되고 또한 중국에서의 龜甲·獸骨의 龜裂로 점치는 방법과 크게 다르지 않은 듯하다.11) 고구려에서는 「以十月祭天 國中大會 名

日東盟」이라든지「其國東有大穴 名隧穴 十月國中大會 迎隧神」이 라는 것이 크게는 부여의 그것과 동일계통이지만 많은 변화를 보이고 있는 것이며『삼국사기』에 보이는

「高句麗 常以三月三日 會獵樂浪之丘 獲猪 祭天及山川」12)

이라는 것은 구례적인 정치행위가 동시에 나타나지는 않고 있다. 그러나 단순한 '제천'이나 '祭天及山川'이 아무런 의미 없는 단순한 제의나 민속으로 보이지는 않는다.13) 백제에서는『삼국사기』 제사지에서 시조묘에 앞서서 제사를 천지에 행하였음을 기록하고 있으며14) 이후 제천사지는 동성왕대까지 간헐적으로 보인다. 고구려나 신라의 경우 본기에서 제천의 기록이 없음에도15) 백제

---

11) 여기서 부여사회를 직접 중국의 은대와 비교할 수 없음은 물론이다. 그러나 적어도 부여가 중국과 잦게 교섭하고 있었고 은력을 사용하고 또한 '亡人傳說'이 있음에서 약간의 비교는 가능하다고 생각된다.
12)『三國史記』雜志 第1 제사에서 고구려의 3월 3일 會獵과 제천이「고기」류의 사료에 의한 것임을 알 수 있다. 이와 동일한 내용은 列傳 第5 온달에「高句麗常以春三月三日 會獵樂浪之丘 以所獲猪鹿 祭天及山川神 至其日王出獵君臣及五部兵士皆從」이라 보여 평원왕내까시 계속 이러한 행사가 있었음을 보여준다.
13) 위의 온달전 문구에 이어 온달이 회렵에서 많은 짐승을 잡고, 발군의 실력을 보이자 왕이 온달을 불러 크게 기용한 것으로 보인다. 말하자면 이러한 회렵을 통해 인재를 발굴했던 것으로 생각된다.
14)『삼국사기』제사지의 기재순은 고구려의 경우 중국측의 기록 다음에「고기」를 이끌어서 ① 태후묘 ② 시조묘 ③ 國社 ④ 제천급산천의 순이지만 백제에서는 먼저 제천사지를 기록하고 다음에 동명묘를 기록하고 있다. 신라의 경우 ① 시조묘 ② 신궁 ③ 오묘 ④ 社稷 등을 개관하고 실제로는 ① 一年六祭五廟 ② 八楂 ③ 先農 ④ 중농 ⑤ 후농 ⑥ 풍백 ⑦ 雨師 ⑧ 靈星 ⑨ 大祀(三山) ⑩ 중사(五岳·四鎭·四海·四瀆) ⑪ 小祀 등의 순으로 기록되고 있다.

의 경우만 제천사지가 11회나 기록되고 있음을 볼 수 있다.16) 이것은 백제에서는 제천사지가 그만큼 중대한 것으로 인식되고 존속되었음을 의미한다고 할 수 있다.17)

백제의 제천은 多婁王 2년에는 정월에 동명묘에 배알한 데 이어 2월에 행해지고 있으며, 고이왕대에는 3회의 제천이 보인다. 고이왕 5년 춘 정월에는 鼓吹를 사용하였다고 하였으며 동 10년 춘 정월에는 '천지산천'에 제사하고 동 14년 춘 정월에는 남단에서 천지에 제사하고 2월에 眞忠을 右輔로 삼고 眞勿을 左將으로 삼아 병마사를 맡겼다고 하였다.

제천과 함께 행해지는 정치행위는 대략 관리의 임명과 大赦이

---

15) 고구려에서 제천이 행해졌음은 사실이나 『삼국사기』의 「고구려본기」에는 기록이 없다. 신라도 『신당서』 「신라전」이나 『수서』 등에는 정월 元日에 일월신을 拜한다고 기록되어 있으나 「신라본기」에는 기록된 바 없다.

16) 『삼국사기』 제사지에는 본기에 보이는 비류왕 10년 춘 정월의 「祀天地於南郊 王親割牲」이 빠져 있어 10회만 보인다.

17) 백제본기에 보이는 제천관계기사는 다음과 같다.
   ① 王設大壇 親祀天地 異鳥五來翔 〈溫祚 20년 춘 2월〉
   ② 王築大壇 祀天地 〈溫祚 38년 동 10월〉
   ③ 春正月 謁始祖東明廟 二月又祀天地於南壇 〈多婁 2년〉
   ④ 祭天地 用鼓吹 〈古爾 5년 춘 정월〉
   ⑤ 設大壇 祀天地山川 〈古爾 10년 춘 정월〉
   ⑥ 春正月 祭天地於南壇 二月 拜眞忠爲右輔 眞勿爲左將 委以兵馬事 〈古爾 14년〉
   ⑦ 祀天地於南郊 王親割牲 〈比流 10년 춘 정월〉
   ⑧ 祭天地神祇 拜眞淨爲朝廷佐平 淨王后親戚 性狠戾不仁 臨事苛細 恃勢自用 國人疾之 〈近肖古 2년 춘 정월〉
   ⑨ 謁東明廟 又祭天地於南壇 拜眞武爲左將 委以兵馬事 武王之親舅 沈毅有大略 時人服之 〈阿莘王 2년 춘 정월〉
   ⑩ 王謁東明廟 祭天地於南壇 大赦 〈腆支王 2년 춘 정월〉
   ⑪ 王設壇 祭天地 〈東城王 11년 동 10월〉

다. 관리의 임명은 물론 대사면도 국민의 결속을 위한 정치행위로 볼 수 있다. 국민의 결속을 위한 것에 초점을 맞추면서 제천을 설명하면 다음과 같다.

① 온조 20년 2월~천도·낙랑과의 관계가 악화되고 말갈이 침입하던 시기.18)

② 온조 38년 10월~전년에 가뭄으로 「浿帶之間 空無居人」의 상태가 되자 농업을 장려하고 불급한 일을 없앰.19)

③ 다루왕 2년 2월~왕위의 계승, 말갈의 위협(다음해에 말갈을 크게 격파).

④ 고이왕 5년 정월~북을 치고 나팔을 불며 천지에 제사지내다.

⑤ 고이왕 10년 정월~낙랑·대방방면이 고구려에 대해 군사행동을 준비.

⑥ 고이왕 14년 정월~전년에 낙랑을 침범했다가 그 위협으로 民口를 돌려줌. 침입에 대한 위협.

⑦ 비류왕 10년 정월~전왕의 살해에 이은 농업장려 민심수습.

⑧ 근초고왕 2년 정월~국인이 싫어하는 眞淨을 조정좌평에 임명.

---

18) 온조왕 20년 전후한 삼국사기의 기사는 다음과 같다.
　① 十八年 冬十月靺鞨掩至 王帥兵逆戰 於七重河 虜獲酋長素那 送馬韓 其餘賊盡抗之 十一月 王欲襲樂浪牛頭山城 至臼谷 遇大雪乃還
　② 二十二年秋八月 築石頭·高木二城 九月 王帥 騎兵一千獵斧峴東 遇靺鞨賊一戰破之 虜獲生口 分賜將士.

19) 三十七年 夏四月 旱 至六月乃雨 漢水東北部落饑荒 亡入高句麗者一千餘戶 浿帶之間空無居人. 三十七年 春二月 王巡撫 東至走壤 北至浿河 五旬而返 三月 發使勸農桑 其以不急之事 擾民者 皆除之.

⑨ 아신왕 2년 정월~진무를 좌장으로 삼아 고구려에게 빼앗긴 관미성을 회복하고자 함.

⑩ 전지왕 2년 정월~왕위계승을 둘러싼 정치적 내분 수습·논공행상(?)

⑪ 동성왕 11년 10월~왕이 단을 설치하고 천지에 제사지내다.

제천사지는 위에서 본 바와 같이 백제의 왕권을 유지하는 데 크게 중요한 제의였다고 볼 수 있다. 백성들이 농상에 대한 관심에서 제천만이 아닌 사지까지 곁들인 것으로 생각할 수 있다.20)

시조묘에의 숭배가 왕족과 일부의 동명계 지배층의 단결을 강화하는 것이었다면 제천은 부여계로서 이동한 여러 유이민집단의 결속을 강화하는 것이요, 사지는 농업에 종사하는 피지배층까지를 제의에 의해 결속하려는 정치사상의 하나로서 운용된 것임을 추측할 수 있다.

다음으로는 기우가 있다. 기우는 농업생산과 가장 큰 관계가 있는 것임을 생각하면 왕이 기우를 행한 것은 농업에 대한 지대한 관심을 보여주는 것이다. 기우를 하는 장소는 영험이 있다고 믿어지는 곳에서 행하는 것이 일반적이기 때문에 백제에서도 기우가 행해진 장소를 발견하는 것은 백제인이 영험이 있다고 믿은 장소가 어디였는가를 보여준다고 생각할 수 있다. 기우에 대한 기사는 다음의 3회에 불과하다.

① 王祈東明廟 乃雨 (구수왕 14년 4월)
② 大旱 禾苗焦枯 王親祭橫岳 乃雨 (아신왕 11년 夏)
③ 大旱 王幸漆岳寺 祈雨 (법왕 2년 정월)

---

20) 정치적 의미는 차용걸, 앞의 논문 65쪽.

①은 서기 227년으로 3세기 초에는 대략 시조묘에서 기우가 행해졌음을 보여준다. ②는 서기 402년으로 5세기초에는 橫岳에서도 산신에의 기우가 영험을 보이고 있다. ③은 서기 600년으로 6세기 말, 7세기 초 경에는 불사에서 기우함을 보여준다. 신라에서는 첨해니사금 7년(253)에 시조묘와 명산에 禱雨하였다는 것이 보인다.21) 강우에 대해서는 奈解尼師今이 즉위하던 날에 정월부터 4월까지 오지 않던 비가 내리자 백성이 환희하였다는 것을 보아서 알 수 있듯이22) 농업사회에서 강우의 순조로움이 절실히 요청되고 있었음을 보여준다. 신라는 진평왕 50년(628)에 이르러서는 '移市畵龍'에 의한 기우가 행해지고 있다.23)

이상 제의와 관계된 몇 가지 문제에 대해 사료의 긍정적인 평가를 위주로 억측해보았다. 이 방면에 대한 연구가 매우 미약한 까닭에 더 이상의 고찰은 후일로 미루고자 한다. 위에서 검토한 바를 요약하면 대략 다음과 같다.

① 백제의 제의관계 기사는 대략 시조묘·제천사지·기우의 삼종으로 나타나고 있다.

② 시조묘의 배알은 실제적인 건국자인 온조 혹은 비류가 아니라 그들의 공동의 부모가 立廟되었다. 이는 두 정치집단의 공통의 조상을 숭배함으로서 최고 지배자의 유대의식

---

21) 『삼국사기』 「신라본기」 제2 沾解尼師今 七年 夏 四月 「龍見宮東池 金城南臥柳自起 自五月至七月不雨 禱始祖廟及名山乃雨 年饑多盜賊」.
22) 동상 나해이사금 즉위년에 「前王太子骨正及第二子伊買先死 大孫尙幼少 乃立伊買之子 是爲奈解尼師今 是年 自正月至四月不雨 及王卽位之日大雨 百姓歡慶」.
23) 『삼국사기』 「신라본기」 제4 진평왕 50년 「夏大旱 移市畵龍祈雨 秋冬民飢 賣子女」.

을 강화하고자 함에서 비롯된 것이라 생각된다.
③ 제천사지는 범 부여계를 자칭하는 종족에 공통되는 제의 이지만 백제에 있어서는 토착사회와 유이민집단 사이의 결속과 약간씩 계통이 다른 정치세력의 광범한 통합을 위하여 시조묘에 대한 숭배를 보완하는 입장에서 존속되었을 것이다.
④ 기우는 비록 사료가 3점에 불과하지만 3, 5, 7세기 초라는 시간의 변화와 함께 시조묘를 중심한 좁은 범위의 대상을 위한 기우에서 5세기 초에는 지배층과 피지배층에 있어 보다 광범한 신앙의 대상이 되었을 산신에게 행하여 영험을 보고 있으며, 불교가 널리 숭신되던 시기에는 기우가 불사에서 행해지고 있음을 보여준다고 생각된다.

3. 田獵·巡撫 관계기사의 검토

전렵을 보통 우리말로는 사냥이라고 한다. 그러나 왕의 전렵은 매우 오랜 유래와 다양한 목적을 수반하는 것이다. 중국의 경우 전렵은 省視의 하나로서 춘추전국시대에 이르도록 차츰 정례화되었던 것이다. 省視는 순행·전렵·정벌로서 평화적인 순시와 그에 동반하는 전렵, 비평화적인 정벌을 동시에 의미하는 용어로서 『좌전』에 기록되어 있다.[24]

이러한 省은 장소의 이동을 짝하고 있으며 왕은 이러한 행위를 통해 각 지방에 대한 권위를 확인하고 확신하는 정치적 목적

---

[24] 小倉芳彦, 1970, 『중국고대정치사상연구』 — 좌전연구ノート—, 青木서점, 62~79쪽.

이 있었다. 다시 말하면 왕은 스스로의 권위를 순렵 등을 통해 과시하며 지방으로부터의 공납을 촉진하였다. 봉건제에 의해 분포된 각 지방에 왕의 사자가 파견되는 경우 공납이 순조롭다면 순행은 차츰 그 본래의 의미를 잃고 형식적인 행사로 되었을 것이다. 공납의 독촉을 목적으로 하는 출렵에서 상대방에게 명하여 듣지 않는다면 곧 정벌로 돌변하게 되는 것이라 생각된다. 사냥을 뜻하는 獵은 사계절에 따라 용어가 구분되고 있다. 봄사냥은 蒐, 여름사냥은 苗, 가을사냥은 獮, 겨울사냥은 狩라고 하는 것이다.25)

백제의 전렵도 이러한 유래와 목적으로부터 중앙의 왕권이 확립됨에 따라 차츰 변질되어 갔을 것이다. 순무·순행이나 전렵이 대략 전제왕권이 확립되고 지방통치가 발전하여 군현제와 같은 행정구역의 정비가 눈에 띠게 많아지는 시기에 이르러서 기사가 줄어들고 있음은 이러한 사정을 말해준다고 할 수 있다.26)

백제의 순무나 전렵 기사들을 몇 가지 유형별로 나누어 검토해보고자 한다.

---

25) 左傳隱公 5년의 「春蒐, 夏苗, 秋獮, 冬狩」나 爾雅의 「春獵爲蒐, 夏獵爲苗, 秋獵爲獮, 冬獵爲狩」 등으로 보임.
26) 순무나 순렵 모두 순행이라고 부를 수 있다. 신형식, 앞의 논문에서는 순수와 순행을 동일한 의미로 본 것이며(31~32쪽), '백제는 토착인과의 마찰이나 말갈·신라와의 충돌에 따른 정치·국방상의 출행이었다고 하겠다'라고 하여(33쪽) 그 대체적인 성격을 언급하고 있다. 또 순행의 목적은 권농·영토확인·인물발탁·大赦·풍속·제사·수렵 등 여러 가지가 있다고 하여 수렵이 순행의 목적으로 파악되었다. 순행의 목적이 수렵이라면 그 자체는 순행이 아니라고 보아야 할 것이다.

1) 巡撫(勸農)

온조왕 14년 2월의 「王巡撫部落 務勸農事」라는 것은 이해 춘정월의 천도에 따른 의례적인 것이라 생각된다. 새로운 천도지는 토양이 비옥한 땅이라 하였으며, 왕도를 중심으로 한 중앙부의 경제적 기반을 확고히 하기 위한 순무였다고 하겠다. 이러한 권농을 위한 순무는 이후로 보이지 않고 있다. 다만 빈민을 구제하기 위한 구휼의 성격을 띤 것으로는 다음과 같은 기사가 있다.

① 王巡東西兩部 貧不能自存者 給穀人二石 (多婁王 11년 10월)

② 發使巡問百姓疾苦 其鰥寡孤獨不能自存者 賜穀人三石 (比流王 9년 2월)

③ 王巡撫四部 賜貧乏穀有差 (毗有王 2년 2월)

위에서 ①과 ③은 왕이 직접 순무한 것이지만, ②는 사자를 보내어 하고 있다. ①은 이해 가을에 흉년으로 백성들의 술빚는 것을 금지한 조처와 유관한 것이기도 하다.27) 웅진기 이후에는 이러한 순무를 통한 권농이나 경제적 救貧 기사가 보이지 않고 있다.28)

2) 境內의 盜賊蜂起를 巡撫

가뭄과 흉년으로 말미암아 일어난 도적을 安住시키는 것으로 왕이 순무를 행하고 있는 기사는 다음과 같다.

---

27) 『三國史記』「百濟本紀」第1 多婁王 11년 秋 「穀不成 禁百姓私釀酒」.
28) 고구려와 백제는 1~3세기에 순행이 집중적으로 나타난다하여 신형식은 신라의 순행과 달리 건국 초의 숱한 어려움이 그 원인이라 풀이하였다(신형식, 앞의 논문, 32~33쪽).

① 春夏大旱 民饑相食 盜賊大起 王撫安之 (溫祚 33년)
② 蝗·旱, 穀不順成 盜賊多起 王撫安之 (肖古 43년 秋)

「王撫安之」가 왕의 친순을 말하는 것인지 확신할 수는 없으나 왕의 친순으로 보는 것이 타당할 것이다. 도적이 일어난 지방을 확실한 백제의 영토 혹은 백제에 복속된 지방으로 중앙세력에 의한 지배권의 확립을 목적으로 한 것이라 하겠다.

3) 군사행동을 수반한 것

다음과 같은 기사들은 전렵이나 순무의 성격에 비평화적인 일면이 있는 것이라고 하는 측면이 포함됨을 보여준다.

① 王帥騎兵一千 獵斧峴東. 遇靺鞨賊. 一戰破之. 虜獲生口. 分賜將士. (溫祚 22년 9월)
② 王出師 陽言田獵 潛襲馬韓 遂幷其國邑 唯圓山·錦峴二城 固守不下 (溫祚 26년 10월)
③ 王以耽羅不修貢賦 親征至武珍州 耽羅聞之 遣使乞罪 乃止 (東城 20년 8월)

①에서 우리는 전렵을 행함에 기병 1천 명을 이끌고 있어서 정복을 행하고 있을 가능성을 보여주고 있다. ②는 마한에 대하여 군사행동을 하기에 앞서서 겉으로는 전렵이라 하고서 마한을 습격하고 있다. 전렵 때에 왕은 군사들을 동원하는 것이 상례로 되어 있음을 알 수 있다. ③은 탐라가 백제에 공부를 바치는 속국이었으나 그 공부를 바치지 않게 됨에 왕이 친히 정벌에 나서고 있다. 실제로 정벌을 하기보다는 군사적인 위력을 과시함으로써 공납을 스스로 바치도록 하고 있다. 비록 전렵이나 순무라고 표현되지 않고 정벌로 쓰고 있으나 그 본래의 목적은 공납에 있

다. 정복전쟁이 이때까지도 군현화보다는 지방세력을 인정하면서 공부를 요구하는 형식을 취하고 있었음을 암시하고 있다.

이러한 기사들과 함께 주목되는 것은 의자왕이 친히 주군을 순무하고 죄인들을 염려하여 중죄자를 제하고는 모두 풀어준 다음 신라의 40여 성을 점령하고 있다는 기록이다.29) 이때에는 분명히 왕이 부나 부락이 아닌 주군을 순무하고 있어 지방행정구역제가 확립된 후에도 순무의 성격에 변동은 있으나, 그 전통이 계속됨을 보여주는 것이다.

4) 영토의 확인과 국경지역 순무

백제에서 최초로 보이는 순무는 온조왕 5년 겨울 10월의 「巡撫北邊 獵獲神鹿」이다. 북변에서의 순무는 이 시기에 말갈이 북경을 자주 침입하고 있었던 사실과 관계가 있을 듯하다. 이후로 온조왕 38년 춘이월의 「王巡撫 東至走壤 北至浿河 五旬而返」이라는 순무의 기록은 단순한 국경지역의 순무로 볼 수 있겠으나, 전년에 동북지방에 흉년이 심하여 고구려로 1천여 호가 망입하여 浿帶之間에 사는 사람이 없게 되었다는 기록과 관계가 있는 듯하다. 즉 위의 기사는 기근으로 말미암아 공납이 줄어들게 된 경제적인 타격에도 불구하고 영토도 확인하며 이 지역에 대한 지배권 혹은 복속을 재확인해두려는 조처로서의 순무였다고 보인다.

---

29) 『삼국사기』 「백제본기」 제6 의자왕 2년 2월 「王巡撫州郡 慮囚 除死罪皆原之」라 하고 이어 추 7월에 「王親帥兵侵新羅 下獼猴等四十餘城」하였고 이어 윤충을 보내어 大耶城을 치고 있다. 대규모의 전쟁에 앞서서 순무했다면 군사의 징발, 군량의 확보, 立功自効토록 죄인을 석방하는 조처 등이 행해졌을 것이다.

다루왕 36년 10월의 「王拓地至娘子谷城 仍遣使新羅請會 不從」이라는 기사도 지배권을 장악하고, 이 지역에 대한 공납을 합법화한 순행으로 신라의 會盟不從은 곧이어 신라 방면으로의 공격으로 인한 전쟁의 원인이 되었다고 보인다. 공납과 함께 여러 가지 정치・외교 및 법제에 대한 규정이 왕의 순행・전렵과 더불어 정해졌을 것이다.

한성기에 있어서의 주요한 전렵지로 보이는 지명들 가운데 한산을 제외한 지역인 牙山之原(온조 43.8), 橫岳下(다루 4.9), 寒泉(구수 16.10), 서해대도(고이 3.10・辰斯 7.7), 釜山(고이 5.2), 狗原 및 그 부근(비류 22.11・진사 6.10, 진사 8.10, 진사 8.11), 橫岳之南(진사 7.8) 들은 한산을 중심으로 해서 거의 국경지역에 해당하는 곳들일 것이라 생각된다. 특히 구원은 고구려가 한강 북부의 여러 부락을 점령하는 시기에 있어서 주요한 전렵지로 나타나고 있고, 서해대도는 아마도 지금의 강화도로 추정할 수 있는 요충지이다.

고이왕대와 진사왕대에 보이는 서해대도는 아마도 백제로서는 커다란 정치・경제・군사적 의미를 가지는 것이었을 것이다.30)

웅진기에는 북방영토에의 순행이 보인다. 동성왕 5년 봄에 한

---

30) 「백제의 경우는 36년간의 순행에서 24회(66%)의 수렵행이 있었음은 앞에서 말한 바 있다. 여기서도 우리는 그것이 단순한 수렵이 아니라 그 수렵지가 초기는 한산 일대, 4세기는 구원과 서해도, 6세기는 사비 일대라는 사실이 중요하다」(신형식, 앞의 논문, 37~38쪽). 이에 대해 한산은 수도의 외곽으로서 왕의 민정시찰의 뜻이며 서해도 일대는 彌鄒忽의 해씨와의 연결을 꾀하려는 동시에 고구려의 남침에 대비한 전술적인 요충지에 대한 배려일 것이라 하고 사비원의 출렵은 새로운 천도지의 물색과 지세 파악으로 풀이하였다.

산성에까지 출렵하여 군민을 순무한 것은 그 전년에 말갈이 한산성을 습파한 데에 대한 이유에서 백제령임을 다시 확인키 위한 조처요, 백제의 세력회복을 위한 조처였다고 할 수 있다. 무녕왕 23년 2월에 한성에 행차하여 한산주의 군민을 징발하여 雙峴城을 축조하고 있음을 보면 이 순행은 한강유역에 대한 백제의 지배권을 다지는 조처로서 행해진 것임을 생각할 수 있겠다.31)

5) 천도지의 물색

전렵을 통하여 혹은 순무를 통하여 행해진 것으로 천도지의 물색도 하고 있음을 볼 수 있다. 즉 초기의 천도에서 「予昨出巡 觀漢水之南 土壤膏腴 以圖久安之計」(온조 13년 5월)라고 함을 보아 순행을 통해 적당한 천도의 땅을 찾고 있다. 이와 함께 동성왕대의 3회에 걸친 사비지역에 있어서의 전렵은 사비지역에 대한 정치적인 다른 목적도 있었겠으나 그러한 출렵을 통하여 사비가 웅진보다 도읍지로서 적당한 곳임을 인식케 되었을 것도 예상할 수 있다.32)

---

31) 웅진기에 백제가 한강유역을 영유했다는 것은 거의 부정되고 있다. 그러나 이 문제는 다시 검토될 여지가 충분히 있다고 생각된다.
32) 貝塚茂樹, 「中國古代都市の祭祀について」(『貝塚茂樹著作集』 제2권)에서는 중국과 서양고대의 도시국가를 비교하고 있다. 여기서 도읍의 위치를 결정하는 의식이 백제의 그것과 크게 다르지 않음을 알 수 있었다. 왕자가 순렵 등을 통하여 적당한 도읍의 위치를 잡아놓고 길일을 택하여 정초의식을 행하는 것이다. Rome에서는 땅에 円形의 작은 구멍을 파고 옛 고향에서 가져온 한줌의 흙을 넣는 의식이 있었다 한다. 우리나라의 몇몇 고성지의 정상부에서 발견된 소규모의 석혈들(부소산 군창지의 발굴, 양주산성 발굴, 동래 망월산정 등에서 나타난 것)도 이러한 것과 어떤 관련성이 있을지 모른다.

6) 기타

백제 사비시대에 이르러서는 순행이나 전렵은 이상에서 보아온 동기나 목적과는 크게 관계가 없는 것으로 나타난다.

① 大旱 王幸漆岳寺祈雨 (法王 2년)
② 重修泗沘之宮 王幸熊津城 夏旱 停泗沘之役 秋七月 王至自熊津 (武王 31년)
③ 王巡撫州郡 慮囚 除死罪皆原之 (義慈王 2년 2월)

이제 신록을 잡았다는 전렵도 거의 없어지고 기우행사를 위한 불사에의 행차나 궁실을 중수키 위한 일시적인 舊都에의 행차 그리고 신라정벌을 앞둔 주군의 순무가 나타나고 있다.

7) 수렵의 방법과 대상

백제의 사냥은 騎射에 의한 것으로, 주로 왕이 직접 활을 쏘아 짐승을 잡고 있다. 이는 고구려와 거의 같은 양상임을 보여준다. 백제의 왕족이 부여계의 이민집단이었음을 볼 때 그것은 북방계의 수렵방법이 그대로 지속되고 있음을 보여주는 것이다. 이러한 기사는 그 획득물이 주로 獐鹿과 같은 비교적 큰 동물을 잡는 것이다. 특히 상서롭게 여겨진 것은 고구려의 경우 백장, 紫獐, 백록이 보이고 있으나, 백제에서는 장은 보이지 않고 록만이 보이는 것이 이채롭다. 神鹿은 고이왕과 같이 40마리를 잡거나 다루왕과 같이 連中雙鹿하여 여러 사람들의 탄미하는 바가 되는 권위를 나타내 보이는 경우가 있다.

참고로 신라에서는 전렵에 대한 기사가 거의 보이지 않고 전렵할 때의 대상물도 또한 거의 보이지 않지만 다음과 같은 기록이 백제나 고구려와 대조적이다.

① 金后稷 智證王之曾孫 事眞平大王爲伊湌 轉兵部令 大王頗好田獵…后稷諫曰……今殿下日與狂夫獵士 放鷹犬逐雉兎 奔馳山野 不能自止…… (三國史記 列傳第五 金后稷)

② 祇摩尼師今立……初婆娑王獵於楡湌之澤太子從焉 獵後過韓岐部 伊湌許婁饗之……

③ 昔有善宗郎 眞骨貴人也 少好殺生 放鷹摰雉 雉出淚而泣 感此發心 請出家入道 法號慈藏 (皇龍寺 九層塔 刹柱本記 第一板)

신라에서의 사냥은 주로 매나 사냥개를 이용한 것으로 주요한 사냥 대상물은 꿩과 토끼였음을 ①에서 보여준다. ②에서는 전렵이 구체적으로 어떻게 행해졌는지는 알 수 없고, ③에서는 매사냥의 일면을 보여주고 있다. 이와 같이 신라의 사냥은 고구려나 백제와는 다른 양상을 보인다.[33]

이상에서 검토한 전렵이나 순무를 통해서 우리는 다음과 같은 사실들을 알 수 있다.

① 백제의 수렵은 순무의 목적이 권농·구휼·도적봉기의 진압·공납의 독촉을 위한 정벌이나 주위의 세력병합·영토의 확인과 국경지역의 경제자원보호·군사의 동원에 의한 축성·천도지의 물색 등을 목적으로 하고 있다.

② 웅진기를 거쳐 사비기에 이르러서는 현저하게 出巡이 줄어들고 있다.

---

33) 고구려나 백제에서도 鷹犬에 의한 사냥이 아주 없었던 것이라고 볼 수 없으나, 신라의 경우 전렵에 대한 기사가 거의 나타나지 않고, 한두 가지 기록이 모두 雉, 兎類의 사냥인 것이다.

③ 전렵의 방법은 고구려와 동일계통으로 나타나고 있으며 신라와는 매우 다른 양상을 보인다. 주요한 획득물은 사슴이었다.

4. 閱兵 習射記事의 檢討

앞에서 본 제의와 전렵·순무의 기록이 고구려와 백제측의 기사가 중심이 되고 양상이 다른 신라에서는 기사가 가끔 보이는 것과는 반대로 여기서 살피려는 열병관계의 기록은 고구려에서는 나타나지 않는다. 백제와 신라에서만 기록된 열병은 다음과 같다.

① 大閱於漢水之西 (仇首王 8년 8월)
② 大閱於石川 雙鴈起於川上 王射之 皆中 (古爾王 7년 7월)
③ 大閱於漢水南 旗幟皆用黃 (近肖古王 24년 11월)
④ 大閱於漢水之南 (阿莘王 6년 7월)
⑤ 大閱於宮南 (東城王 8년 10월)

백제에서 행해진 '大閱'이 가지는 가장 큰 성격은 아마도 군사적인 행동과 관계가 있을 것이라는 점이다. ①의 기사는 말갈과 신라와의 계속된 전쟁상태에서 행해진 것으로 볼 수 있다.34) ②는 신라와 북방의 낙랑과의 관계에서 해석될 수 있으며 이보다 3개월 앞서서 진충을 좌장으로 삼아 내외병마사를 맡기고 있음을 보여준다.35) ③은 고구려 步騎 2만 명이 雉壤에 침입했을 때

---

34) 구수왕 7년에 「靺鞨寇北邊 遣兵拒之」라 하고 9년에 「遣兵入新羅牛頭鎭 抄掠民戶 羅將忠萱領兵 五千 逆戰於熊谷大敗 單騎而遁」이라 하였다.
35) 고이왕 7년에는 좌장으로 眞忠을 임명하여 내외병마사를 맡겼다고

이를 크게 격파한 다음에 행해졌고 특히 그 2년 뒤에 浿河에서 고구려병을 크게 격파하고 3만의 정병으로 평양성을 정벌하여 고국원왕을 전사시키는 일련의 군사행동과 관련을 가진다. 旗幟를 모두 황색을 사용했음은 황색은 중앙의 색이라는 점을 생각할 때에36) 각 부나 지방세력이 가지고 있던 군사통수의 권한을 왕이 통합하여 일률적인 기치를 사용하며 동시에 군법이나 기타의 상벌에 있어서도 국가의 군대로서 편성되었을 것을 암시하는 것이라 생각된다. ④는 이전의 고구려와의 전쟁에서 패배하고 그 보복을 하려다 기후조건 때문에 회군한 다음 열병이 행해진 것이며, 이듬해에도 고구려를 정벌하려 한산북책까지 출사하는 것을 보아 역시 군사행동과 깊은 관계가 있는 듯 하다. 마지막으로 보이는 ⑤는 고구려가 해로를 차단했다든지 魏와 전쟁하여 이긴 기록이 전후에 있음으로37) 역시 모종의 군사행동과 관련된 열병이라고 생각된다.

백제의 열병이 5세기 말까지 기록에 나타나고 있는 것을 볼 수 있다. 신라에서도 열병기사가 보인다.

① 閱兵於閼川 (婆娑尼師今 15년 8월)
② 大閱閼川西 (逸聖尼師今 5년 7월)

하고 13乃年에 毌丘儉・劉茂・王遵 등이 고구려를 정벌할 때 좌장 진충을 보내어 낙랑을 습격하고 있다.
36) 오행사상에 의해 동, 서, 남, 북, 중의 색을 구분하면 청, 백, 적, 흑, 황으로 중앙이 황색이다. 근초고왕대에는 將軍莫古解가 도가의 말을 인용하고 있는 것 (近仇首王 卽位修) 등을 보아 오행사상도 이미 백제의 지배층에 널리 있었다고 볼 수 있다.
37) 동성왕 6년에 내법좌평 沙若思를 南齊에 보내려다 서해중에 이르러 고구려병을 만나 가지 못하고 10년에도 「魏遣兵來伐 爲我所敗」라 보인다.

③ 大閱楊山西 (奈解尼師今 25년 7월)

④ 大閱楊山西 (味鄒尼師今 20년 9월)

⑤ 大閱於穴城原 (實聖尼師今 14년 7월)

⑥ 大閱於狼山之南 (炤智麻立干 8년 8월)

신라에서는 5세기 말까지 즉 왕호를 사용하기 전에 있어서의 열병기사가 위와 같이 보인다. ①은 가야와의 전쟁이 극심할 때의 것이며, ②는 말갈과의 전쟁상태에서 나타난 것이다. ③은 열병 전년에 백제의 침입이 있었고, 이듬해에는 가야가 화해를 요청해오고 있는 것과 관계가 있는 것 같다. ④는 백제와는 槐谷城 부근에서 계속 전쟁중이었고 ⑤는 왜가 계속 신라를 괴롭히는 상태에서 행하고 風島에서 왜를 크게 이기고 있는 것과 관계가 있을 것이다. ⑥은 백제와 교섭이 이루어져 고구려의 남하에 대처하던 시기로 고구려와의 전쟁을 의식한 것으로 생각된다. 이와 같이 백제나 신라의 열병기사는 모두가 대규모의 군사행동을 전제로 하여 행해진 것으로서 군사의 회집과 그를 통한 점검·사기진작과 같은 목적을 통하여 행해진 것이라 생각된다.38)

군사적인 이유로 인해서 있었을 觀射나 습사에 대한 기록도 역시 고구려에서는 거의 보이지 않고 백제에서 특히 많이 나타나고 있다. 전렵도 일종의 講武習射라 하겠으나 여기서는 일정한 장소에서 행한 것을 말한다.

① 出西門觀射 (고이왕 9년 7월)

② 築射臺於宮西 每以朔望習射 (比流王 17년 8월)

---

38) 문무왕 14년 9월의 「幸靈廟寺前路 閱兵 觀阿飡薛秀眞六陣兵法」과 흥덕왕 9년 9월의 「王幸西兄山下 大閱御武平門觀射」 등 후기의 기록에서 戰陣隊列의 연습이나 습사의 목적으로 열병을 행함을 볼 수 있다.

③ 集都人習射於西臺 (阿莘王 7년 9월)
④ 烝土築城 卽於其內 作宮室樓閣臺榭 無不壯麗 (盖鹵王 21년 9월)

백제에서의 관사나 습사 혹은 사대의 건립은 모두 전쟁에 대비하기 위한 군사적 훈련의 성격을 띠고 있다. ①은 진충을 좌장으로 삼아 장차 낙랑지방으로의 군사행동에 앞서서 행한 것이며 ②는 책계왕과 분서왕이 적에게 살해당한 다음 즉위한 비류왕이 상무의 습성화를 기한 것이라 할 수 있다. 이러한 습사를 통하여 그 후의 근초고왕대에 북으로 한군현의 세력을 몰아내고 고구려와의 전쟁에서 승리할 수 있는 기반이 확립되었다고 할 수 있다. ③은 한강이북의 많은 지역을 상실한 다음 고구려의 계속된 남하를 저지시키고 잃었던 땅을 되찾기 위한 방법으로서 좌장 진무를 임명하여 병마사를 맡기고 왜와 결호하는 일련의 조처와 함께 장차 땅을 다시 찾기 위한 군사훈련이었을 것이다. ④는 개로왕 대에도 성내에 장려하게 사대가 건축되고 있음을 보여주지만 실용적 군사훈련을 위한 것이 아님을 보여준다.

백제의 열병과 습사는 이처럼 군사적인 이유에서 행해진 것들로서 특히 습사는 군사훈련 내지 무술교육의 일환으로 실시되었음을 알려주고 있다고 생각된다.

5. 餘言

『삼국사기』에 보이는 백제에 관한 기사는 고구려나 신라에 대한 기사에 비하여 양적으로 적은 분량이다. 더 이상의 새로운 사료의 발견이나 금석문의 발견이 없는 상태에서는 『삼국사기』

의 기록이 백제사의 기본골격이 되어야 할 것이다. 그런 의미에서 『삼국사기』에 나타난 백제의 제의・전렵・순무・열병・습사 등에 대한 기록도 중시되어야 마땅할 것이다. 무녕왕릉에서 나타난 지석에 의해서 『삼국사기』의 정확한 기록이 일부나마 확인되었던 것을 우리는 항상 염두에 두어야 할 것이다.

백제의 제의에 대한 기사의 검토를 통하여 특히 제천사지가 타 이국에 비해 특별히 나타남을 확인할 수 있었으며, 시조묘에 대한 기사에서는 고구려나 신라에서 삼국사기에 보이는 건국자를 시조로 모신 것과는 다른 특성을 발견하였다. 비록 제의에 대한 기사는 시조묘・제천사지・기우 등 3종에 불과하고 그 기사의 수도 많지 않다. 시조묘에는 건국자의 부모가 모셔진 이유가 백제건국에 관여한 서로 다른 정치집단의 공통적인 유대의식을 강화하려는 의도였을 것이라 추측하였다. 이보다 더 큰 여러 집단세력의 유대관계를 정신적・신앙적으로 결속하려는 제의로서 존재한 것이 제천사지였다고 역시 추찰하였다. 기우는 매우 단편적인 사료지만 3, 5, 7세기라는 시간적인 추이와 사상계의 변화상이 거의 일치함을 보여주는 기사들이었다.

전렵과 순무에 대한 기사들의 검토를 통해서는 순무가 고대의 정치사상에서 가지는 기본적인 의미가 매우 다양함을 알 수 있었다. 순무는 그것을 통하여 정복지・복속지에 대한 공납을 확인하였고, 한편으로는 공납의 예비적 증거를 꾀하려는 救恤을 행하였다. 뿐만 아니라 천도지의 점정이나 새로운 정복대상지의 선정이 순무를 통해 이루어졌으며 이럴 경우에 많은 군사가 동원되었다. 순무와 함께 혹은 군사훈련으로서의 전렵에 있어 백제는 주로 '사슴'이 사냥의 대상물이었다. 고구려의 '노루'와 '사슴' 신라의 '꿩'과 '토끼'와 약간 다른 양상을 보이는 동시에 전렵의 방법에서도 고구려와 백제는 기사였으며 신라는 '매사냥', '개사냥'의 방법이었다.

열병과 습사의 기록은 군사적인 목적이 강한 의식이었다. 대외관계에서 항상 전쟁의 위협이 있었던 시기에 열병과 습사에 대한 기사가 나타나고 있다. 열병에 대한 기사가 고구려 보다는 백제와 신라에서 나타나고 있는 사실을 주목해야 했으나 그 이유는 불분명하다. 그러나 습사에서는 백제가 가장 전형적인 기사를 보이고 있으며 그것은 왕을 정점으로 하는 고대사회에 있었던 일종의 무술교육이었다. 고구려의 扃堂이나 신라의 화랑제도가 있었다면 백제는 射臺를 축조하고 도성에서 습사하였던 것이 일종의 무술교육이었을 것으로 추론하였다.

이 글은 위와 같이 몇몇의 단편적인 사료들에 대한 추찰이다. 따라서 좀더 광범위하고 심오한 이론적인 기초가 불충분한 현 상태에서 더 이상의 고찰은 무리일 것이다. 이 점은 앞으로 관심을 가지고 연구할 문제로서 후일을 기약하기로 한다. 이 방면에 관심을 가진 賢學諸位들의 많은 질정을 바랄 뿐이다.

百濟의 思想과 文化

제 1편 武寧王陵

1. 『백제문화』제21집, 공주대학교 부설 백제문화연구소, 1991.
2. 『百濟武寧王陵』, 공주대학교・충청남도, 1991.
3. 『蕉雨黃壽永博士古稀紀念美術史論叢』, 통문관, 1988.
4. 『백제연구』제10집, 충남대학교 백제연구소, 1979.

제 2편 百濟의 思想과 文化

1. 『백제연구』제1집, 충남대학교 박물관, 1978.
2. 「何山鄭起燉敎授停年紀念論叢」, 호서사학 19・20 합집, 1992.
3. 『백제연구』제12집, 충남대학교 백제연구소, 1981.

※ 일련번호는 이 책에 실린 순서 번호임.

찾아보기

[ㄱ]

干支 28
干支圖 50
甲骨 29
居喪 21, 23, 61
고안무 16

[ㄴ]

洛書原理 33
陵券 47
陵墓位置圖 28
陵域圖 28, 49

[ㄷ]

段楊爾 16
圖書原理 33

[ㅁ]

買地券 34, 47, 55
冥卷 35
墓志 26, 27
戊己 28, 31, 32

[ㅂ]

方位表 28

[ㅅ]

社稷 37
申地 11

[ㅇ]

영동대장군 20
오행 31
五皇極思想 33
王肅 25, 63
位置圖 19, 49
일본서기 20

[ㅈ]
鄭玄　25, 30, 63
조공　15
尊空思想　33
주희　25
朱熹　63
誌石　47
지석문　18
地支　11

[ㅊ]
天干　11
冢卷　35

[ㅎ]
洪範　29

성주탁

1929년 생
충남 연기 출생
충남대학교 문리과 대학 졸
동국대학교 대학원 석·박사 과정 수료, 문학박사
충남대학교 교수 역임(1994. 8. 정년퇴임)
충남대학교 백제연구소장 역임)
충남대학교 박물관장 역임
현 충남대학교 명예교수

논문 | 백제성지연구 등 50여 편
저서 | 蛇山城 공저(1994)
번역 | 중국도성발달사(1993)

百濟의 思想과 文化

초판인쇄 | 2002년 11월 25일
초판발행 | 2002년 11월 30일
발행인 | 김선경
지은이 | 성주탁

발행처 | 도서출판 서경문화사
　　　　서울 종로구 동숭동 199-15(105호)
전화 | 743-8203, 8205
팩스 | 743-8210
등록년월일 | 1994년 3월 8일
제 1-1664호

ISBN | 89-86931-50-8　93900
정가 | 10,000원

저자와의 협의로 인지는 생략합니다.
잘못된 책은 교환해 드립니다.